DMZ 접경지역 기행 9

김포·옹진편

9

D M Z
접 경 지 역
기 행

김포·옹진

건국대학교
통일인문학연구단
DMZ연구팀

경인문화사

목
차

01 ─────

한국전쟁과 학살,
사라지지 않는
진실을 위한 레퀴엠

遊擊軍忠魂戰蹟碑

김포 고촌읍 신곡리 천등고개 - 김포 하성면 태산가족
공원 희생자 위령비 - 강화 갑곶나루선착장석축로 -
UN8240 을지타이거여단충혼비 - 강화 길상면 온수
리 사슬재

김포 고촌읍 신곡리 천등고개, 누군지 알 수 없어 다시
덮인 흙
김포 하성면 태산가족공원 희생자 위령비, 은폐된 진실
강화 갑곶나루선착장석축로, 학살의 진상
UN8240여단충혼비, 권력이 감춘 기억들
강화 길상면 온수리 사슬재, 아직도 투쟁 중인 진실
치유의 길, 죽은 자를 떠나보내는 레퀴엠

_____ '무덤 위에 세워진 나라'라는 말이 있다. 우리를 두고 하는 말이다. 1950년부터 1953년까지 벌어진 한국전쟁에서는 600만 명의 사람이 죽거나 다쳤다. 전선에서 죽어간 군인들은 말할 것도 없고 숱한 민간인들이 전국 각지에서 목숨을 잃었다. 이들 중 다수는 전선에서 날아오는 포탄과 폭격을 피하지 못해서 죽음을 맞은 것이 아니었다.

_____ 한국전쟁은 '피스톤 전쟁', '대패 전쟁'이라고도 불렸다. 그 이유는 전선이 밀고 당기는 식으로 진행되었기 때문이다. 낙동강까지 내려왔던 전선은 압록강과 두만강까지 올라갔다가 다시 한강 이남까지 내려오기도 했다. 반복된 점령과 수복의 과정에서 민간인들은 '예비검속'과 '부역 혐의자'라는 명목으로 재판절차도 없이 목숨을 잃어야 했다. 그 시절, 총성은 전쟁터와 삶터를 가리지 않고 울렸다.

_____ 어떤 죽음도 가슴 아프지 않을 수 없건만, 전장의 죽음은 추앙되고 마을의 죽음은 부정되었다. '민간인 학살'은 1987년 민주화 전까지 침묵을 강요당했다. 그리고 여전히 그 죽음의 진실은 다 밝혀지지 못했을 뿐만 아니라 비석 하나 제대로 세우지 못한 채 남아 있는 사연들도 즐비하다. 살아남은 가족들은 혈육이라는 이유로 연좌제의 고통 속에서 살아야 했다. 그러나 그보다 더한 고통은 떠나보낸 가족의 원혼을 달랠 수 없다는 것에 있었다.

_____ 전쟁이 끝난 지 반세기가 훨씬 지났다. 우리는 흔히 전쟁을 회상하며 '전쟁이 남긴 상처', '전쟁의 상흔'과 같은 말을 쓴다. 전쟁이 끝난 자리에서 사람들의 삶은 저마다의 모습으로 이어져 오늘에 이르렀다. 폭파된 한강 다리는 다시 놓였지만, 할퀴어진 마음의 상흔은 매만져지지 못하고 70여 년의 세월을 보내고 있다.

김포 고촌읍 신곡리 천등고개,
누군지 알 수 없어 다시 덮인 흙

현재 DMZ 접경지역은 38선 부근 지역이었기 때문에 보도연맹 학살보다 인민군·좌익에 의한 학살, 미군에 의한 학살, 부역 혐의에 의한 학살의 경우가 더 많다. 김포와 강화의 경우 부역 혐의 학살의 경우가 더 많으며, 희생자의 숫자로만 보더라도 대부분이 부역 혐의로 몰려 죽음에 이르렀음을 알 수 있다.

인천상륙작전 후 김포지역이 완전히 수복되고 김포경찰서가 복귀하자 본격적으로 부역 혐의 주민들에 대한 색출과 연행을 시작하였다. 혐의자 색출작업은 경찰뿐 아니라 우익 치안대에 의해서도 진행되었다. 그렇게 김포에서는 1·4후퇴

보도연맹 학살(© 퍼블릭 도메인)

직전까지 600명 이상의 주민들이 고촌면 천등고개, 김포면 여우재고개, 대곶면 소라리고개, 양동면 마곡리 한강 변, 양촌면 양곡지서 뒷산, 하성면 태산골짜기 등으로 끌려가 학살되었다.

지금은 김포시 상수도사업소가 있는 야산, 신곡리와 풍곡리로 갈라지는 지점에 천등고개라 불리는 곳이 있다. 당시 이곳에는 미군용 참호가 있었는데, 총살이 자행된 장소였다. 처음 부역 혐의자로 지목되어 끌려온 사람들은 고촌면사무소 옆에 있던 양곡창고에 갇혔다. 당시 근처에 살고 있던 주민들은 그곳에 끌려와 갇힌 사람들이 치안대에 얻어맞던 소리와 비명을 들었다고 진술했다. 그리고 1950년 10월 12일, 치안대원들이 창고에 갇힌 일부 주민들을 김포경찰서로 넘기겠다며 새벽에 끌고 나갔다. 그러나 군용 통신선으로 묶여 끌려 나온 이들이 도착한 곳은 경찰서가 아닌 천등고개였다. 천등고개의 미군용 참호로 끌려온 이들은 일렬로 세워졌다. 그 직후 20여 발의 총성이 울렸다.

창고에 갇혀 있던 주민들이 끌려가 죽임을 당했다는 소식은 가족들을 통해 마을로 알려졌지만, 희생자의 시신 대부분은 수습되지 못했다. 그러다 1952년 당시 학살당한 주민 중 한 명이었던 송해붕의 시신이 발굴되었다. 그 인근 구덩이에서도 70여 구의 시신이 발굴되었으나 이들은 신원을 알 수 없어 다시 흙으로 덮었다고 한다. 2년 만에 시신을 찾은 송해붕 가족은 천주교도가 장교로 있던 벨기에 군대에 살해 및 사체유기 혐의에 관한 진정서를 냈다. 이로 인해 당시 민간인을 학살한 치안대원들이 체포되어 징역형을 선고받았다. 그러나 이들 대부분은 2년 만에 출소하였다.

김포 하성면 태산가족공원 희생자 위령비,
은폐된 진실

고촌읍에서 좀 더 북쪽으로 이동하면 하성면이다. 하성면 주민들이 희생된 곳은 모두 다섯 곳이다. 그중에서도 당시 하성국민학교에서 학살된 사람들은 대부분 마곡리 강씨 일가였다. 정확한 장소는 초등학교 뒤 창고로, 하성면에서는 이곳 이외에도 석탄리의 한강 변, 태산 건너편과 골짜기, 하성성당 골짜기 등지에서 주민들이 희생되었다.

이곳 지역의 주민들은 1950년 9월 말쯤 처음 연행되었다. 끌려 온 주민들은 하성면사무소 뒤 두 개의 가마니 창고에 감금되었다. 당시 두 창고에는 각 30여 명씩 모두 60여 명이 갇혀 있었다. 1950년 10월 20일, 창고에는 사람이 없었다. 한강 변, 산골짜기 어딘가로 끌려가 살해당한 후였기 때문이다.

유족들은 '10월 20일 저녁에 태산에서 총소리가 났다'라는 소문을 듣고 유골을 찾아 나섰다. 그러나 유골은 발견되지 않았고, 세월만 흘렀다. 그러던 2001년, 하성면에 태산가족공원이 조성되면서 유골이 발견되었다. 총소리가 났다는 소문은 사실이었고, 창고에서 사라졌던 사람들은 이곳 태산에서 학살당해 묻힌 것이다. 후에 가족공원에는 희생자 위령비가 세워졌다. 1950년 9월 수복 이후 김포 하성면 지역에서 한국군과 경찰, 치안대에 의해 학살당한 민간인 희생자를 기리기 위해 세운 것이다. 물론 위령비는 오래도록 죽음의 진실을 좇고 있던 희생자 유족들이 세웠다.

진실을 좇는 일, 그것은 절대 쉽지 않은 과정이었다. 천등고개의 사례처럼 유골이 발견되고 이에 대한 피해 사실 제소와 진정, 그리고 그에 대한 처벌 등이 진행된 경우는 흔치 않았다. 전쟁이 한창이던 1951년, 거창사건이 국회에서 폭로되었던 것을 제외하면, 전쟁이 끝난 이후로도 그 당시의 진실을 추적하는 것은 상상

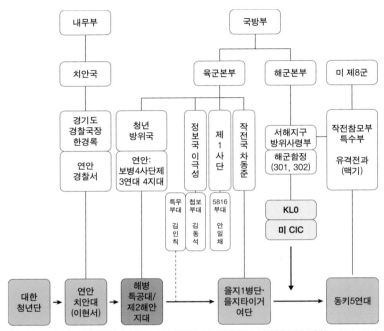

화살표(→)는 9·28수복 후 조직된 치안대가 미 제8군 소속 G-3에 의해 1951년 1월 15일경부터 3월까지 북한인 유엔군 유격대(United Nations North Korean Partisan Forces in Korea)로 공식화되는 과정을 나타낸 것이다. 수직선(|)(↓)은 가해와 직간접적으로 관련되었던 한국군과 미군의 소속관계를 나타낸 것이다. 당시 극동군사령부(FEC)의 지휘체계 하에 있던 미 육군첩보부대(CIC)와 주한연락사무소(KLO)도 한국군과 마찬가지로 미 제8군의 작전통제 하에 있었다.

—

민간인 집단학살 가해 지휘체계(© 진실·화해를 위한 과거사정리위원회)

조차 하기 어려운 일이었다.

그러다 1960년 4·19혁명으로 이승만 정권이 무너졌을 때, 숨죽이며 살았던 전국의 유족들은 희생자 명예 회복과 학살자 처단 등을 요구하며 활동을 시작하였다. 지역별로 유족회가 결성되었고, 유골 발굴과 함께 학살책임자의 처벌을 요구하는 고소 고발이 이어졌다.

경상도 지역에서 유족회가 결성되기 시작하면서 전국으로 퍼졌고 곧이어 '전국유족회'를 창립하기에 이르렀다. 이들 유족회는 유골을 발굴해 합동 묘역을 조성하고 지역별로 합동위령제를 지내는 한편, 정부 기관들과 국회 등에 청원서와 진정서를 넣는 등 활발하게 활동하였다.

그들의 노력으로 1960년 4대 국회에서는 '양민학살진상조사특위'가 구성되었고, 공식적으로 학살사건에 대한 조사를 진행할 수 있었다. 그러나 가는 길은 정말 멀고 험난했다. 5·16 군사쿠데타가 일어나면서 유족회의 활동에 전면 제동이 걸렸기 때문이다. 박정희 군부 쿠데타 세력은 '특수범죄처벌에관한특별조치법'을 만들어 피학살자 유족회 간부들을 재판에 넘겼다. 이들은 제6조 '특수 반국가행위'를 근거로 들어, 혈육의 유골을 찾고자 나섰던 유족들을 이적단체로 몰았다.

재판에 넘겨졌던 많은 유족회 간부들은 실형을 살았고, 전국유족회의 회장이었던 이원식은 사형을 당했다. 사법 살인인 셈이다. 게다가 5·16 군사정부는 포고령 제18호를 발령하여 유족들을 검거하면서 유골 발굴일지와 유골 수집철, 피학살자 조사명부, 유족회원 가입명단, 학살자 고발장, 유골 상자 등 진상규명에 단서가 될 만한 기록물들을 압수하여 폐기했다. 학살에 대한 진상조사 자체를 원천 봉쇄할 뿐만 아니라 진실 자체를 영원히 파묻겠다는 의도였다. 그렇게 은폐된 진실은 1987년 6월 항쟁이 오기 전까지 오랜 세월 동안 강요된 침묵 속에 묻혀 있었다.

강화 갑곶나루선착장석축로,
학살의 진상

강화에서의 학살사건은 모두 경찰, 특공대 및 우익세력들이 후퇴하기 직전에 학살을 진행했다는 공통점이 있다. 강화지역의 학살희생 민간인은 1,000명이 넘는 것으로 추정되지만, 정부에 신고된 것은 322명에 불과했다. 부역 혐의 대상 학살은 여러 측면에서 문제를 남겼는데, 그중 하나는 민간치안 단체가 경찰의 비호 아래 민간인을 부역자나 그 가족일 수 있다는 혐의만으로 재판도 거치지 않고 살해하였다는 것이다.

전쟁 중의 혼란하고 급박한 상황을 들어 민간인 학살에 대한 책임을 합리화하려는 주장도 있다. 그러나 전선이 아닌 곳에서, 사실관계도 확실하지 않은 정황증거만 가지고 직접 대상자도 아닌 연고자를 재판 없이 즉결처분한 것은 어떤 이유로도 정당화될 수 없다.

1·4 후퇴가 진행되면서 북쪽으로 올라갔던 강화의 주민들이 1951년 1월 6~7일 철산포구 등으로 돌아왔다. 집으로 돌아오던 이들은 강화특공대를 만나 현장에서 사살당하거나 경찰서로 연행된 후 총살되었다. 개풍군으로 피신했다가 송해면 돌모루를 통해 강화로 돌아오던 민간인들 역시 마찬가지였다. 이들 중 3~4명이 현장에서 사살당했고, 나머지 70여 명이 장터에서 조리돌림을 당한 후 갑곶나루로 끌려가 죽임을 당했다. 갑곶나루터와 옥계갯벌로 끌려간 사람들은 10여 명씩 바다를 향해 세워져 총질을 당했다. 여기서 학살된 사람들만 300여 명에 이른다.

강화 사람들을 수없이 죽음에 이르게 했던 강화향토방위특공대는 국토 사수의 공로를 인정받아 국회의장, 경기도 경찰국장, 육군 4863부대장으로부터 표창을 받았다. 특공대의 대장이었던 최중석은 이후 감사원에 취직해 1987년 정년 퇴직했다. 옥계갯벌 학살 희생자 유족인 서영선은 외포리 학살에서 살아남은 생존자이기도 했다. 1993년 서영선이 옥계갯벌 학살의 가해자를 찾아 나서면서 이 지역의 진상규명 운동이 시작되었다.

그러나 이곳의 혼백을 추모하는 공간은 2014년이 되어서야 만들어졌다. 갑곶나루는 인천 갑곶순교성지가 있는 곳이다. 천주교인으로 미국 함대와 왕래했던

강화갑곶나루 선착장(ⓒ 문화재청)

안내판

박상손, 우윤집, 최순복 등은 이곳 갑곶나루터에서 목이 잘렸다. 훗날 천주교 인천교구가 순교가 이뤄진 문헌상 위치를 확인하고 터를 매입해 순교성지를 조성하였다. 순교자 삼위비 광장에서 옛 강화대교로 길을 나오면 잡풀이 우거진 속에 빛바랜 '갑곶 선착장 집단양민학살지' 표지판이 서 있다. 안타깝게도 표지판의 글자들은 칠마저 벗겨진 채 덩그러니 방치되고 있었다. 그나마 2014년 민간인 학살 피해자와 유가족을 위한 추모공간으로 '비움터'가 조성되어 민간인 학살 피해 사실을 소명하기 위해 평생을 분투해온 유가족들의 마음을 달래줄 뿐이다.

UN8240여단충혼비,
권력이 감춘 기억들

강화도에서의 학살은 강화도 본섬에서만 일어난 것이 아니다. 교동도에도 민간인 학살지가 있다. 교동대교를 건너 한 시간 남짓 차로 이동하면 바다 근처에 자리한 UN8240 을지타이거여단충혼비에 도착한다. 전쟁 당시 교동도에서 활동한 유격대 8240부대원들을 기리기 위해 2001년에 세운 기념비다. 이곳 충혼탑에는 '군번도 계급도 없는 육군 을지 제2병단과 유격군 8240부대 타이거 여단 이름의 방공 유격대 용사들의 넋이 잠들어 있다'라고 새겨져 있다.

이들이 군번이 없었던 이유는 정규군이 아니라 치안대, 청년단, 학도호국단 등을 조직해 움직였던 비공식적인 민간조직이었기 때문이다. 서울을 수복한 9월 28일 이후, 이들이 만든 조직은 공비소탕과 치안 활동 등을 수행했다. 1951년, 두만강까지 밀고 올라갔던 전선이 다시 밀려 내려오기 시작했다. 2월이 되자 중국군은 강화 부근까지 도착하였다. 그러자 이들 조직도 강화도, 교동도 등으로 옮겨와 육군 을지 제2병대로 편성되었다.

이들이 내세웠던 '나라를 지키기 위한 노력'은 명분은 설령 훌륭했다고 할 수 있더라도 그 자체로는 명백한 위법이었다. 이들에게 민간인을 처벌하거나 즉결처분할 수 있는 권리까지 주어진 것은 아니기 때문이다. 그런데도 교동에는 타이거 여단 대원들의 혼을 기리는 기념비는 있지만, 이들 손에 목숨을 잃은 민간인들의 넋을 달래는 비는 세워지지 않았다. 민간인 학살에 가담한 이들은 숭고한 영웅으로 떠받들어졌지만, 그들에 의해 죽어간 민간인들의 넋은 위로받지 못하고 있다. 진실은 여전히 어둠 속에 잠겨 있다.

1951년 1월 교동으로 들어온 치안대는 해병특공대, 교동특공대, 홍현치안대 등으로 불리며 움직였다. 그렇기에 이들 조직은 단일한 지휘 계통이 부재했고 각자 자신의 조직적 이권을 따라 경쟁적으로 움직였다. 그 와중에 주민 학살도 자행되었다. 심지어 이들은 인민군으로 위장해 주민들에게 접근해서 "나는 인민군인데 먹을 것을 좀 달라"거나 "숨겨 달라"고 기만하면서 부역 행위를 유도하기도 했다.

교동도를 작전기지로 사용하고 있던 강화 해병특공대의 경우, 대룡리에 본부

UN8240 을지타이거여단 충혼비

를 두고 각 마을에 파견본부를 설치한 후, 50여 명이 대원으로 활동했다. 이들은 1월 14일부터 2월 9일 사이, 상룡리 안개산 사태골, 대룡리 방골, 지석리 남댓골, 고구리 낙두포구, 인사리 갯골, 난정리 돌부리 해안, 서한리 막개 해안, 무학리 선어리 해안 등지에서 수백 명의 민간인을 학살했다.

하지만 이 시기 교동에는 치안대와 북쪽에서 내려온 무장유격대원 외에는 청장년층이 거의 없었다. 국민방위군 소속의 17∼45세 남성들이 외포리와 김포 방향으로 12월 중순에 이동했고, 청장년층이 그전에 월북해서 교동도를 떠났기 때문이다. 교동에 남은 사람들은 노인이나 여성, 아이 등이었다. 이들은 단지 남겨졌다는 이유로 죽음을 맞아야 했다. 어떤 가족들은 일가족 전체가 한날한시에 죽음을 맞이하기도 했다.

한편 치안대는 하부에 소년단을 조직해서 사람들을 감시하게 했다. 교동도에

유격군충혼전적비

서 벌어진 학살에 대한 진실을 증언한 사람 중 소년단 출신의 사람도 있었다. 그는 특공대가 명단을 주면서 소년들에게 사람을 모아오라고 했다고 증언했다. 사람들을 데려오면 옆방에서 특공대가 준 국수를 먹을 수 있었다. 국수를 먹다 보면 옆방에서 "다 쏴서 죽여!"라는 소리가 들려 무서워서 동료와 함께 몰래 도망을 치기도 했다고 말했다.

도망치는 와중에도 총소리와 비명이 들려왔다. 전쟁 중에 동원된 소년단 중, 누군가는 자신이 하는 행동의 의미를 알면서도 학살에 가담했을 것이다. 또 누군가는 두려움과 공포 때문에 시키는 대로 하다가 학살의 진상을 알고는 증언자가 된 사람도 있었다. 작은 섬에서 너무 많은 사람이 죽임을 당했기에, 교동에서의 학살사건을 증언하는 목격자들도 많았다.

학살지 대부분은 바닷가였다. 배 위에서 죽임을 당한 사람들도 있었다. 총을 맞아 죽기도 하고, 손이 묶여 물에 빠져 죽기도 했다. 사람들이 기억하는 교동의 바닷가는 시체가 쌓여가는 곳이었다. 그런데도 지금 고구리 해변에는 그 진실을 증언하는 비석은 없고, 전쟁 영웅들의 추모비만이 서 있다.

강화 길상면 온수리 사슬재,
아직도 투쟁 중인 진실

규모와 횟수에서도 강화 본섬에서의 학살은 교동과 달랐다. 개별 사건으로만 묶어도 열세 건이나 되었다. 그중, 네 개 사건을 제외한 아홉 건이 부역 혐의자 학살 건이었다. 1950년 10월 10일, 강화경찰서가 복귀했다. 곧 부역자에 대한 조사가 진행되었고 이를 담당한 경찰들은 낙오 경찰로, 중부서, 서대문서 소속자들과 소속 불명 등 모두 열 명이었다.

결격 사유가 있는 경찰관들이었으니 이들은 낙오에 대한 처벌이 두려워 부역 혐의자에 대한 수사를 무리하게 밀어붙였다. 다른 지역과 마찬가지로 주민에 대한 연행과 신문 과정에는 민간치안 조직이 동원되었다. 수복 이후 낙오되었던 경찰과 대한청년단 등의 우익단체 인사들이 해병대의 지휘하에 면 단위의 강화치안대를 조직하였다.

10월 10일, 강화치안대가 부역 혐의 조사 대상으로 강화경찰서에 데려온 주민 수는 800여 명에 달했다. 그 많은 사람이 강화경찰서에 수용될 턱이 없었다. 이들은 경찰서 유치장뿐 아니라 무도장, 강화산업조합창고, 관청리 가마니 창고 등에 각각 감금되었다.

그러나 이 시기에 주민들에 대한 학살은 진행되지는 않았다. 그렇다고 폭력적 상황이 없었던 것은 아니다. 무리한 부역 혐의자 수사는 사람들이 고문을 견디지 못하고 그 트라우마로 죽음에 이르는 결과를 낳았다. 대부분의 민간인 학살은 1·4후퇴 전후에 자행되었다.

경찰서는 1951년 1월 7일에 후퇴했고, 북측이 강화에 들어온 것은 1월 18일이었다. 교동에서 벌어진 학살이 강화특공대 등이 후퇴한 1월 26일 전후에 벌어진 일이라면, 본섬에서의 학살은 1월 7일에서 1월 18일 전후에 대부분 벌어진 일이다. 강화에 거주하던 주민들에 대한 연행은 1950년 12월 18일경부터 시작되었다. 길상면에서는 1월 6일, 길상면 온수리 지서와 우체국, 양조장에 감금되어 있던 부역 혐의 주민과 그 가족들이 온수리 사슬재에서 살해당했다. 사슬재 방공호 안에는 50여 구의 시신들이 포개져 있는 채로 발견되었다. 2008년 11월, 진실화해위원회에서는 '1951년 1·4후퇴 당시 강화지역주민 400여 명이 억울하게 집단학살 되어 암매장됐다는 결정'을 내렸다.

사슬재에는 한국전쟁 당시 우익세력이 학살한 민간인 유해 매장지임을 알리는 안내판이 설치되었다. 그러나 이 안내판은 여러 차례 훼손되었다. 처음 훼손되었을 때, 유족들이 군청에 항의해 새 표지판을 설치하기도 했지만, 또다시 훼손되고 방치되었다. 1987년 민주화 이후에도 민간인 학살에 대한 진상을 밝히는 일은 쉽지 않았다. 2011년, 종교계와 시민단체 등의 노력으로 인근 군유지郡有地에 추모비가 건립되었고 해마다 위령제가 거행되고 있다.

치유의 길, 죽은 자를 떠나보내는 레퀴엠

진혼곡, 또는 장송곡이라고도 부르는 레퀴엠은 죽은 이들을 위하여 그들의 안식을 비는 곡이다. 영문도 모른 채 죽은 사람, 이유와 상관없이 억울하게 죽은 사람들이 너무나 많았다. 그러나 더욱 씁쓸한 것은 이들이 죽어간 이유를 밝히지도 못했고, 죽은 이의 가족으로 남겨진 사람들은 내내 연좌제의 고통 속에서 살아야 했다는 사실이다. 죽은 자를 다시 죽이고 조롱하는 행위도 이어졌다. 몇 차례 죽은 자의 유골을 수습한 합동 묘가 파헤쳐지고 바닷가에 유골이 내던져지기도 했다. 전쟁이 끝난 자리에서 벌어진 일들이다.

진정한 안식은 아직 다 밝혀지지 않은 진실들이 소명되는 것에서부터 시작되어야 한다. 2009년 진실화해위원회에서 한국전쟁 전후의 민간인 집단희생 사건과 관련, 정부에 대해 배·보상 특별법 제정, 유해 발굴과 안장 등의 정책 권고했지만, 대전 산내의 학살지에서는 땅 주인이 자기 사유지에서의 유해 발굴을 원하지 않는다며 권고 조치를 거부하는 일이 있기도 했다.

산 자들은 죽은 자들을 그냥 떠나보내지 않는다. 레퀴엠은 죽은 자를 떠나보내는 가장 기본적인 행위이다. 장례식처럼 산 자는 죽은 자를 떠나보내는 상징

김포에서 본 강화 평화로운 풍경이지만 전쟁 중 많은 사람들이 죽어야 했던 바다의 모습이다.

적인 과정을 통해서만 비로소 그들을 떠나보낼 수 있다. 애도哀悼 받지 못한 죽음은 산 자의 곁으로 되돌아온다. 살아있지도 않지만, 완전히 죽지도 못한 '산—죽은 자'의 망령으로 말이다. 과거에 사로잡힌 영혼은 미래를 향해 갈 수 없다. 공훈이 뒤덮은 한국전쟁의 명암 속에는 이들의 한 맺힌 죽음이 잠들지 못한 채 있다. 떠난 이들을 떠나보내기 위해서 우리가 울려야 할 레퀴엠은 이들 죽음의 진실을 밝히고, 기억하는 일일 것이다.

'민간인 학살'이 일어난
한국전쟁의 전후 맥락

1950년 6월 25일 남북 간의 전면전이 시작된 지 이틀이 지난 27일 새벽, 대통령 이승만은 미리 대기시켜둔 특별 열차에 몸을 싣고 대전으로 내려갔다. 국무위원과도, 군 지휘관과도 연락이 되지 않은 상태였다. 비슷한 시각, 국회에서는 심야 국회 회의가, 행정부에서는 심야 비상국무회의가 열리고 있었다. 전쟁에 대해 논의를 해야 하는데 대통령이 나 홀로 피신해 버린 것이다. 대전에 도착한 대통령은 육성 녹음 방송을 통해 서울로 메시지를 보냈다. 국군이 적을 물리치고 있으니 모든 국민과 공무원은 정부 발표를 믿고 서울을 지키라는 것이었다. 자신도 서울을 지키고 있으니 안심하라며. 그렇게 거짓말을 한 지 하루만인 28일 새벽 2시 반경 한강 인도교가 폭파됐다.

그렇게 대통령도 피신하지 않고 함께 있다는 방송을 믿고 서울에 남은 사람들은 '잔류파'가 되었다. 반대로 일찌감치 눈치를 채고 다리를 건너 피난을 간 사람들은 '도강파'가 되었다. 그 후 잔류파는 낙동강까지 밀려났던 전선이 다시 북상하여 서울을 수복하자 미리 떠나 '인민군'에 부역할 일이 없었던 자들의 표적이 되었다. 이제 '인민군 치하'에서 부역한 혐의자들을 '색출'하는 일이 벌어지기 시작하였다.

학살은 전쟁 전부터 은밀하게 진행되었다. 개전 전부터 시작되었던 '보도연맹원 학살'은 전쟁 발발 후 내려진 계엄령과 함께 수원 이남 모든 시군에서 거의 예외 없이 진행되었다. 1950년 6월 말부터 8월, 9월 사이 '적군'이 아닌 '우리 군과 경찰'의 손에 의해 민간인 학살이 진행된 것이다.

국민보도연맹증(ⓒ 퍼블릭 도메인)

원래 국민보도연맹은 이승만 정부가 '개선의 여지가 있는 좌익 세력에게 전향의 기회'를 주겠다는 취지로 만든 기구였다. 이 조직의 모태는 일제가 독립운동을 하는 사람들을 사상범으로 몰아 통제하기 위해 활용했던 사상보국연맹으로, 애초부터 불순한 의도가 있었다. 그렇기에 실제 가입자들은 좌익 활동과는 무관한 사람들이 많았다.

하지만 친정부 세력을 만드는 사업이었기에 중앙에서 내려온 할당 인원을 채우기 위한 경쟁이 일어났고, 우익단체들은 보도연맹 가입원을 마구잡이로 늘렸다. 이런 상황은 영화 「태극기 휘날리며」의 한 장면 속에도 그려졌다. 그렇게 가입된 인원이 전쟁 전 34만여 명에 달했다.

1950년 6월 30일, 전쟁을 시작한 지 며칠 후 '불순분자 구속처리의 건'이 각 경찰서에 하달되었다. 공식 명칭은 '전국 요시찰 단속 및 전국 형무소 경비의 건'이었다. '불순분자 구속처리의 건'의 핵심 내용은 보도연맹 및 기타 불순분자를 구속, 본관 지시가 있을 때까지 석방을 금한다는 것이었다. 이유는 '남하하는 인민군'에게 협력할 염려가 있는 대상들이기 때문에 소집하여 구속하고 있다가 상황이 나빠지면 이들을 처리해 반란을 막겠다는 것이었다.

이와 같은 조치는 지역과 전선을 가리지 않았다. 경남 대부분 지역에서 군은 북의 진군을 막고 방어에 성공했음에도 이곳 주민들은 보도연맹사건으로 죽임을 당했다. 그렇기에 '처형'된 사람 가운데 많은 이들은 당연히 보도연맹원이 아닌 사람일 수밖에 없었다.

　이후, 민간인 학살에 대한 진상조사와 연구가 진행되면서 각 사건의 성격 유형이 구분되었다. 전쟁 이전 학살, 보도연맹·예비검속 학살, 재소자 학살, 부역 혐의 학살, 미군에 의한 학살, 인민군·좌익에 의한 학살과 기타 사건 등이 그것이다.

02

사람 사는 냄새 가득한 그곳에서 느끼는 쌀과 예술, 그리고 술

| 보름산미술관 – 한반도 최초 벼재배지 비석 – CICA미
술관 – 김포인삼쌀맥주갤러리 – 문배주양조원

보름달처럼 동글동글한 보름산미술관
쌀밥 내음 나는, 한반도 최초 벼재배지 비석
현대미술을 접하는 공간, CICA미술관
전통주와 맥주의 만남, 인삼쌀맥주갤러리
남북의 평화를 만드는 술, 문배주양조원

김포는 동서남북을 가로지르며 흐르는 한강과 임진강이 만나 서해로 빠져나가는 지점에 형성된 땅이다. 거대한 강줄기가 실어 나른 흙들이 퇴적하면서 김포평야가 되었다. 그렇기에 김포평야는 유기질이 풍부한 옥토였고 오래전 한반도에 정착한 사람들은 이곳에서 농사를 지었다. 그래서 김포평야는 예로부터 황금물결이 넘실대는 곡창지대로 유명했다. 지구 역사상 가장 오래된 볍씨가 발견된 곳이 한반도라는 사실에서 알 수 있듯이, 사회·역사적으로 한반도 사람에게 벼농사는 가장 오래된 농사 방식이었다. 한반도 사람들은 쌀을 먹고 살면서 그들의 역사를 이곳 한반도에 뿌리내렸다.

한강은 한반도의 중부 지역을 관통해서 흐른다. 한강은 태백산에서 발원해서 북쪽으로 흐르는 남한강과 금강산 지역에서 발원해서 남쪽으로 흐르는 북한강과 양수리에서 합류한다. 그리고 이곳 김포에서 임진강과 만나 서해로 빠져나간다. 그렇게 한강과 임진강은 강원도와 경기도 전역을 흐르며 대지에 생명을 제공하였다. 김포는 한반도의 젖줄인 한강에 둘러싸인 풍요로운 땅이다. 그곳에서는 김포의 질 좋은 쌀인 통진미通津米로 지은 구수한 밥 냄새처럼 사람 사는 그윽한 냄새가 가득하다.

보름달처럼 동글동글한
보름산미술관

　김포대교를 지나 김포시청 방향으로 가다 보면 김포의 초입, 고촌에 '보름산미술관'이 있다. 보름산미술관은 고촌 보름산 자락에 자리 잡고 있어서 붙은 이름이다. 그리고 보름산미술관은 그 이름처럼 동글동글한 보름달을 닮은 모습을 하고 있다.

　한창 개발 열풍이 불어 닥칠 때, 김포 여기저기는 파헤쳐졌고, 곳곳이 황량한 폐가들과 공사 현장으로 어수선했다. 지금도 보름산미술관을 향해 가는 길에는 버려진 나대지가 펼쳐져 있다. '이 길이 맞나?' 생각하며 차 안의 지도를 따라 오르다 보니 아늑한 '보름산미술관'에 다다른다. 나무 푯말에 적힌 '보름산미술관'이란 검은 글씨 옆에 'Community Gallery Book Café'라는 문구가 새겨져 있다. 실제로, 이곳은 미술관으로만 사용되는 것이 아니라 작은 도서관 역할도 하고 있다.

　현재 미술관이 서 있는 자리에서 약 50m 앞에는 보름산이라는 아주 작은 산이 있었다. 너무 작아서 산보다는 언덕처럼 보이던 곳이었다. 하지만 동네 사람들은 그 모양이 마치 바가지를 엎어 놓은 것처럼 둥글고 볼록한 데다가 보름달을 닮아서 보름산이라고 불렀다고 한다.

　하지만 지금 보름산은 이곳에 없다. 보름산은 김포에 불어 닥친 개발 열풍에 밀려 굴착기의 큰 삽에 허물어져 사라졌다. 그렇기에 이곳에 보름산이 있었다는 것을 알려주는 것은 보름산미술관이라는 이름뿐이다. 화가이자 건축가인 관장 장정웅은 2010년 3월 이곳에 미술관을 세우고 그 이름을 '보름산미술관'이라고 했다. 그렇게 이곳 미술관에 이름을 준 보름산은 거대한 과학기술 문명에 의한 개발 속에서 사라졌다. 대신 그 자리에 들어선 미술관에 '보름산'이란 이름을 남기고 있다. 그래서일

보름산미술관 입구

까? 보름산미술관은 사라진 보름산의 아픔을 잊지 않으려는 듯하다.

　서울권역이 확장되면서 김포에도 고층아파트와 빌딩이 곳곳에 들어섰다. 하지만 보름산미술관만큼은 소나무 내음 가득한 고즈넉한 공간으로 남아 있다. 본관으로 들어가는 야외전시장에서 만나는 고풍스러운 돌 조각품들은 동양미와 전통미를 한껏 뽐냈다. 장정웅 관장은 그간 자신이 소장해온 망와(望瓦)에서부터 시작하여 회화, 석물(石物) 그리고 손때 묻은 옛 물건 등 289점을 미술관 곳곳에 배치해놓았다. 특히, 오솔길을 따라 자리 잡은 미술관 카페와 작은 도서관, 전시관 곳곳에는 김포 사람들의 생활 모습과 삶의 흔적이 담겨 있다.

보름산미술관은 옛 김포 사람들의 자취를 추억하는 데서 그치지 않는다. 개발로 사라진 동네와 동네 사람들의 빈자리를 새로운 동네와 새로운 사람들로 채우는 준비를 하고 있다. 보름산미술관은 단순한 미술관이 아니라 '지역복합문화공간'이다. 이곳은 주변 초등학교와 협력을 맺어, 유아·초등학생을 대상으로 하는 관람 및 미술 프로그램, 그리고 체험학습을 진행하고 있다. 보름산미술관은 미술관이기도 하면서 책방이기도 하며, 때론 카페이자 아이들의 체험공간이다. 이처럼 보름산미술관의 다채롭고 풍요로움은 한가위 보름달을 닮았다.

쌀밥 내음 나는,
한반도 최초 벼재배지 비석

한반도에 사는 사람들이 한가위 보름달을 보면서 떠올리는 것은 윤기가 흐르는 햅쌀이다. 김포가 한반도 역사에서 큰 의미를 갖는 것은 약 5천 년 전의 탄화 볍씨가 바로 이곳 김포에서 발견되었기 때문이다. 보름산미술관을 뒤로 하고 김포시청을 지나 한국통신삼거리에 닿은 순간, '한반도 최초 벼재배지 비석'이 눈에 들어온다. 이 비석은 5천 년 역사를 지닌 한반도 벼의 역사를 상징적으로 보여주고 있다.

1991년 통진읍 가현리, 마송리 일대 토탄층土炭層에서 약 5천 년 전의 탄화 볍씨가 출토되면서 김포가 한반도 최초의 벼농사 지역임이 알려졌다. 이후, 김포시가 이를 기념하기 위해 2011년에 비석을 세웠다.

하지만 1998년 충북 청주시 흥덕구 옥산면 소로리 구석기시대 유적지에서 기원전 15,000~13,000년 전의 볍씨가 출토되었다. 이것이 사실이라면 우리나라가 중국보다 수천 년이나 앞서 벼농사를 짓기 시작했다는 것을 의미한다. 이제까지 알려진 쌀의 품종에는 동북아시아 지역의 '자포니카종'과 인도에서 주로 재배하는 '인디카종', 그리고 이 둘의 혼합 교배종인 '자바니카종' 등이 있었다. 그런데 소로리에서 발견된 볍씨는 이들보다 오래된 종으로, 5,000년 전 인도 동북 지역에서 재배되던 종과 DNA상 유사한 것으로 밝혀졌다. 그래서 '소로리카'라는 새로운 이름을 얻었다.

하지만 지금까지 알려진 일반적인 학설에 따르면, 벼농사는 기원전 3,500년 전인 청동기시대에 시작된 것으로 여겨지고 있으며, 이를 둘러싼 논란은 여전히 진행 중이다. 또한, 벼농사의 전파 경로와 관련해서도 아래 두 가지 설이 주류를 이루고 있다. 먼저 동남아 기원, 인도 기원, 양쯔강 이남 기원설들을 토대로 하여 황하를 거쳐 만주, 한반도로 전파되었다는 설이다. 그리고 동남아시아에서 서해를 건너서 직접 전달됐다는 설 등이 여전히 주류를 이루고 있다.

한반도 최초 벼재배지 비석

따라서 김포나 근방인 일산에서 발견된 볍씨 그 자체가 이곳이 '세계 최초 벼 재배지'라는 것을 증명하는 것은 아니며 한반도 안에서도 최초는 아니라고 할 수 있다. 그런데도 김포에서 그토록 오래된 볍씨가 발견되었다는 것은 이곳이 오래전부터 벼농사에 적합한 지역이라는 것을 방증하기에는 충분하다.

김포는 먼 옛날부터 대표적인 벼농사 지대였다. 우리 민족은 예부터 농자천하지대본야農者天下之大本也라고 하여, 농사를 하늘 아래 땅 위의 가장 근본이 되는 대업으로 여겼다. 하늘과 땅과 사람이 잘 소통하고 어울려야 나라도 바르게 운영된다는 것이 선조들의 기본적인 생각이었다. 임금의 수라상에 올렸다는 밥맛 좋은 김포의 통진미는 진상미로 이름을 알렸다. 그만큼 김포는 구수한 쌀밥 내음으로 가득한 풍요로운 땅이었다.

현대미술을 접하는 공간,
CICA미술관

'한반도 최초 벼재배지 비석'을 지나 김포의 서쪽 끝을 향해 내려가면 '보름산미술관'과는 전혀 다른 현대미술관을 만날 수 있다. 오늘날 김포는 논밭이 사라지고 그 자리에 아파트가 들어서고 고층 빌딩과 공장단지가 들어서고 있다. 김포평야는 더는 육안으로는 찾아보기 힘들다. 그만큼 김포에 자리 잡은 문화공간도 현대화하고 있다.

양촌읍 한구석에는 현대미술을 접할 수 있는, CICA(Czong Institute for Contemporary Art, 시카)미술관이 자리하고 있다. CICA미술관은 김종호 관장의 작업실을 기반으로 조성된 문화공간으로 실험적인 예술가들의 연구 공간이다. 나아가 현대미술을 쉽게 접하고 생활 전반에 응용할 수 있는 열린 공간이기도 하다.

보름산미술관이 전통미와 친근미를 가진 공간이라면, CICA미술관은 현대적 감각의 디자인과 젊은 현대 작가들의 작품으로 구성된 공간이다. 현대미술은 어렵다는 선입견을 품고 있는 사람들이 많다. 하지만 김포 CICA미술관 카페에서 차 한잔하며 나만의 방식으로 현대미술을 감상할 수 있는 것도 사람 사는 재미 중 하나일지도 모른다.

CICA미술관(© CICA미술관, cicamuseum.com)

김포는 시시각각 변하고 있다. 김포 하면 김포평야가 아닌 한강신도시가 떠오르는 세상으로 변했다. 넓게 펼쳐있던 곡창지대는 사라지고 하늘로 치솟는 아파트가 들어서고 있다. 이런 광경은 누군가에게는 설렘을 안겨주고 또 누군가에게는 아쉬움을 남길 것이다. 현대미술 또한 그런 산천의 변화를 반영하듯, 오늘날 변화된 세상이 가진 이슈들을 미적으로 형상화하고 있다.

전통주와 맥주의 만남,
인삼쌀맥주갤러리

시대가 바뀌면 술도 바뀐다. CICA미술관을 나와 북쪽으로 올라가면 김포 대곳면 대곳리에 '인삼 쌀맥주 갤러리'라는 매우 독특한 곳이 있다. 김포 문배주야 워낙 유명한 전통주이지만 '인삼 쌀맥주'는 일반 사람들의 경우 듣지도 보지도 못한 매우 생소한 술일 것이다. 인삼과 쌀이 함께 들어간 맥주라는 콘셉트 자체가 매우 이색적이다. 김포 인삼 쌀맥주, '에너진(Energin)'은 김포파주인삼농협이 독일의 베를린 맥주 연구소와 공동으로 개발하여 2010년에 출시한 맥주다. 상품명 '에너진'은 활력을 뜻하는 '에너지(Energy)'와 인삼을 뜻하는 '진생(Ginseng)'을 결합해 만든 이름이다. 하지만 인삼의 효능에 집중한 탓인지 맥주보다는 에너지 음료에 어울릴 법한 상품 명칭이다.

우리말 '인삼 쌀맥주'와 '에너진'이라는 조어의 어색함에도 불구하고, 김포 인삼 쌀맥주는 김포의 특산물인 김포 6년근 인삼과 김포 금쌀을 이용해 만든 발포주發泡酒라는 점에서 매우 독특하다. 건물에 들어서는 순간, 알싸한 인삼 향이 코에 와 닿으며 우리의 입맛을 자극한다.

게다가 한국 맥주는 거의 수입 맥아에 의존하고 있는데, 김포 인삼 쌀맥주는 전혀 다르다. 김포 인삼 쌀맥주는 김포의 인삼과 쌀 농가로부터 원재료를 구하고, 김포에서 생산하여 지역 농업인들에게 도움이 된다고 하니 로컬 맥주의 장이 새롭게 열리고 있는 셈이다. 김포의 오랜 역사처럼 인삼 쌀맥주는 일반 맥주와는 다르게 좀 더 고소하고 부드러우며 뒤끝에 살짝 알싸한 인삼 향이 남는다.

아무리 세상이 바뀌어도 여전히 바

인삼쌀맥주갤러리
(© 한국관광공사 대한민국구석구석)

뀌지 않는 것들이 있다. 역사는 그런 전승과 변화의 과정인지도 모른다. 사람들은 단지 하루하루 생명을 연장하고, 에너지를 보충하기 위해 음식을 만들어 먹는 것이 아니다. 오히려 사람들은 서로 간의 친교와 즐거움을 나누기 위한 목적으로 음식을 만들기도 한다. 술은 그런 음식 중에서도 가장 대표적인 음식이다. 그렇기에 김포에서 생산되는 찰지고 맛있는 쌀도 '밥'으로만 먹는 게 아니다. 사람들은 맛있는 농작물일수록 흥을 나누는 수단인 '술'의 재료로 사용했다.

남북의 평화를 만드는 술,
문배주양조원

'인삼 쌀맥주'가 'CICA미술관'이라면 '문배주양조원'은 '보름산미술관'에 가깝다. '인삼 쌀맥주 갤러리'에서 서울 쪽으로 올라오면 김포 통진읍에 있는 문배주 양조장을 만날 수 있다. 이곳은 평안도 지방의 토속주인 문배주를 만드는 곳이다. 문배주는 찰수수와 메주를 누룩과 발효 후 증류하여 만든다. 문배주는 알코올 도수가 40도인 증류주다. 첨가물 없이 곡식으로만 만들었으나 '문배'의 향이 강해서 문배주라고 불리게 되었다고 한다.

문배주의 기원은 고려 시대까지 거슬러 올라간다. 고려 시대 신하들은 고려 태조에게 좋은 술을 진상하여 벼슬을 얻기도 하였는데, 그중 한 가문의 으뜸 술이 바로 문배주였다. 이후 문배주는 왕가와 문인들이 즐기는 술이 되었고, 민간으로도 전해져 평안도 지방 토착주로 자리 잡았다고 알려져 있다.

그러나 문배주는 일제강점기와 한국전쟁을 겪으며 여러 우여곡절을 겪었다. 1대 박 씨 할머니는 일제강점기의 전통주 말살 정책에도 불구하고 제조 비법을 2대 이병일에게 전수하였다. 해방 이후 1946년, 이병일은 평양에 평천양조장을 설립

하여 문배주를 제조하였다. 사업은 번창했지만, 한국전쟁이 일어나면서 3대 이경찬은 남쪽으로 피난을 와 1954년 '거북선'이라는 이름으로 문배주를 생산해야 했다. 하지만 이 또한 오래가지 못했다. 1955년 양곡관리법으로 생산이 중단되었기 때문이다. 이후, 1986년 '88서울올림픽'을 앞둔 정부가 전통주 육성정책을 펴면서 문배주를 무형문화재로 지정했다. 그리고 이에 힘입어 1989년 서울 서대문구 연희동에 문배주양조원이 설립되었다.

김포 문배주양조원은 처음 문배주를 만들었던 대동강의 석회층 물과 비슷한 곳을 찾다가 이곳 김포 서암리의 물을 발견하고서는 이전하여 1994년에 세운 공장이다. 3대 전수자 이경찬의 친필 휘호이자 문배주의 로고이기도 한 '문배술'이라는 문패가 문배주 양조장 입구에 놓여 있다.

문배주양조원은 한반도의 굴곡 많은 현대사를 거쳐 5대째 이어지는 역사의 깊이를 담고 있다. 현재 문배주는 중요무형문화재 제86-1호로 지정되어 있다. 또한, 3대 이경찬은 국가가 인정하는 기능보유자가 되었다. 그 이후로도 1995년 4대 이기춘이 중요무형문화재 제86-가호 기능보유자이자 대한민국 식품명인 제7호로 지정되었다.

한때 막걸리와 같은 전통술이 천시받던 시절이 있었다. 특히, 박정희 정권 시절에는 쌀로 술을 빚어 먹는 모든 행위를 금지했다. 그렇게 우리의 전통술은 사라져갔다. 하지만 지금 전국 곳곳에서는 각 지방의 특색을 살린 전통주를 복원해내기 위한 노력이 이어지고 있다. 우리도 독일의 맥주처럼 지방마다 독특한 전통주가 있었다. 이에 대한 복원이 시작된 것이다.

그렇게 이제야, 우리의 전통문화가 가진 가치가 되살아나고 있다. 아무리 세월이 흘러도 그 세월의 깊이만큼이나 술의 맛도 깊어지는 것이다. 그래서였을까? 문배주는 3대 국주國酒 중 하나로, 2000년, 2007년, 2018년 남북정상회담의 공식 만찬주로 지정되었다.

술은 사람을 취하게 하고 정신을 잃게 만들기도 한다. 그래서 곡식을 이용해 술을 만드는 것은 곡식을 낭비하는 것처럼 보인다. 하지만 각 지방에서 사람들이 그들 나름의 술을 만들었던 것은, 그것이 사람들의 삶에서 하는 역할이 있기 때문이었다.

술은 낯선 사람들 사이에서는 허물없이 서로의 마음을 터놓게 만든다. 그리고 다툼이 있었던 사람들에게는 서로의 상한 감정을 드러나게 만든다. 또한, 과거 아픈 상처가 있는 사람들에게는 서로의 아픔을 공감하고 그것을 치유하게끔 하는 힘이 있다. 그렇기에 문배주는 남북이 서로에게 가한 상처와 아픔들을 치유하며 평화를 만들어가는 소통의 힘을 주었다. 그리고 미래를 향해 나아가도록 하는 가교 구실을 하였다. 양조장 앞에 펼쳐진 수수밭 위로 불어오는 바람에 진한 문배주 향이 실려와 코끝을 맴돌고 있다.

CICA미술관에서 체험하는 미술과 세상 - <CICA Kids Lab: 키즈 랩>으로 친해지는 ART!

CICA미술관은 키즈 랩 프로그램을 운영하여 아이들이 과목별로 굳어진 기존의 틀에서 벗어나 과학, 테크놀로지, 아트, 수학 등의 영역을 자유롭게 넘나들며 생각할 기회를 제공한다. 시카미술관의 드넓은 잔디밭에서 열리는 야외 워크숍을 비롯하여 매달 진행되는 프로그램에 대한 안내는 CICA미술관 홈페이지(https://cicamuseum.com)에서 확인할 수 있으며, 예약은 필수다.

CICA미술관 내부(ⓒ 한국관광공사 대한민국구석구석)

03

근대의 물결과 제국주의의 기억들 3
승전의 기억과 통상수교거부정책

한강 뱃길을 밝히는 미륵불, 용화사
용맹했던 조선군의 저항 기억, 김포 문수산성
문수보살을 모시는 사자처럼 용맹했던 조선군, 문수사
병인양요 때 비밀 도하 작전지, 김포 덕포진
프랑스제국주의를 물리친 승전, 정족산성
자랑스러운 승전의 기억, 양헌수 승전비

_____ 김포와 파주 사이를 흐르는 한강은 파주 북쪽을 타고 내려온 임진강과 최종적으로 조강에 서 만나 남북을 가로지르며 강화도로 빠져나간다. '조강組江'은 말 그대로 '할아버지組'의 강이다. 이게 무슨 말인가? 한강의 시작은 머리 북쪽의 금강산 지역에서 시작한 북한강과 남쪽의 태백산에서 시작한 남한강이 아닌가? 그런데 조강이라니? 어리둥절한 것이다.

_____ 강의 흐름으로 보면 여기는 강의 시작이 아니라 끝이다. 여기서 바다로 흘러나가기 때문이다. 하지만 옛날 우리 선조들은 할아버지-할머니, 아버지-어머니, 자식들이 한 집에서 함께 살았다. 그렇기에 집의 개념으로 보자면 북한강도, 남한강도, 한탄강과 합류한 임진강도 모두다 여기서 만나 하나의 가족을 이룬다. 그렇기에 여기는 '할아버지의 강'이다.

_____ 함께 사는 모든 가족을 품는 할아버지-할머니처럼 이곳의 강은 동쪽에서 서쪽으로 흘러온 모든 강들을 품는다. 그들은 서로 다른 곳에서 시작해서 흐른다. 하지만 곳곳에서 만나 하나의 강을 이루고 마침내 여기서 하나의 대가족을 이룬다. 마치 과거 타지로 나가 하나의 가족을 이룬 자식들이 손자와 손녀들을 데리고 부모님이 계신 고향집에서 만나듯이 말이다.

_____ 세차게 흐르는 강물이 쉬어가는 곳에서 바삐 움직이는 사람들도 쉬어간다. 그렇기에 옛날부터 서울로 들어가기 위해 서해를 타고 한반도의 남쪽에서 올라온 배들도 북쪽에서 내려온 배들도 이곳 조강에서 잠시 쉬어갔다. 지금은 분단으로 인해 거의 알려져 있지 않지만, 김포시 월곶면 조강리에 가면 조강나루터가 있다.

_____ 그러나 분단은 한반도 곳곳에 생채기를 냈다. 분단으로 인해 조강은 그 이름과 달리 하나의 가족을 이루지 못하고 있다. 조강은 마치 분단으로 이산된 가족들처럼 오히려 남쪽의 김포와 북쪽의 개풍군을 가르는 경계선이 되었다. 그렇기에 분단은 인간만 갈라놓은 것이 아니다. 강줄기와 함께 모든 자연스러운 흐름을 왜곡하고, 가로막는다.

_____ 조강은 바닷길을 통해 서울로 가고자 하는 모든 길의 입구였다. 조강의 끝에서 강은 두 개의 줄기로 나뉜다. 강화도를 따라 남쪽으로 흐르는 물줄기는 강화도와 김포를 사이에 두고 굽이쳐 흐르고 인천 앞바다로 나아간다. 반면 북쪽을 따라 흐르는 물줄기는 강화도와 북의 개풍군을 사이에 두고 서북쪽을 향해 돌아서 서해로 나간다.

_____ 그런데 이 중에서도 강화도와 김포시 사이에 흐르는 물줄기를 '염하鹽河'라고 부른다. 염하는 '소금 염鹽', '강 하河'로, 그대로 직역하면 '소금의 강', 쉽게 말해서 '짠 강'이다. 하지만 이것은 잘못된 이름이 아니다. 오히려 옛사람들은 강도 바다도 아니면서, 동시에 강이자 바다이기도 한 이곳의 특성을 살려 '염하'라는 멋진 이름을 지었던 것이다.

_____ 달의 인력에 의해 하루에 두 번씩 바뀌는 조수간만이 이곳을 흐르는 물길을 바꾼다. 썰물 때는 강물이 강화해협을 따라 바다로 밀려들면서 담수가 이곳을 지배한다. 반면, 밀물 때에는 바닷물이 조강을 지나 파주 앞바다까지 밀려들며 해수가 이곳을 지배한다. 그렇기에 강과 바다가 넘나들며 흐르는 염하는 바닷길과 육지를 연결하는 통로로, 오랜 세월 동안 해상교통의 요충지가 되었다.

_____ 곡창지역인 호남지방의 세곡선稅穀船이 서해를 거쳐 이곳 염하를 지나 한강을 타고 도성都城이었던 서울로 들어갔다. 또한, 지금은 분단으로 막혔지만, 그전까지 이 길은 이북의 신의주까지 오가던 뱃길이기도 했다. 게다가 강화해협은 바다 건너 외부 세력이 조선의 수도인 서울로 접근하기 가장 좋은 최적의 통로로, 군사적 요충지이기도 했다.

_____ 하지만 거센 물길을 헤치면서 남북을 오가는 사람들은 뱃사람들이고, 바닷길을 통해 쳐들어오는 외적과 맞서 싸우는 사람들도 이 땅에서 사는 사람들이었다. 그렇기에 이들 땅 곳곳에는 용화사처럼 이곳을 오가며 살았던 사람들의 애달픈 삶의 자취부터 시작하여 문수산성과 정족산성처럼 이곳을 지켰던 사람들의 철저했던 투쟁까지 무수한 역사적 기억들이 숨쉬고 있다.

한강 뱃길을 밝히는 미륵불,
용화사

일산에서 한강을 건너 김포로 들어오는 초입에 있는 운양산雲陽山은 구릉처럼 강가에 봉긋하게 솟아오른 나지막한 산이다. 그런데 이곳에 올라서 건너편을 내려다보면, 서울에서 서해로 흘러드는 한강의 강줄기와 그 너머의 일산 일대가 한눈에 들어온다. 바로 이곳에 조선 시대에 세워진 '용화사龍華寺'가 있다.

용화사는 1405년 창건되었으며, 현재 조계종曹溪宗의 말사末寺로 '미륵불彌勒佛'을 모시고 있다. 그런데 한강 초입에 있는 절에서 미륵불을 모신 것도 독특하지만 더욱 특별한 것은 이곳에 모신 미륵불과 관련된 용화사의 유래에 얽힌 이야기다.

뱃사공 정도명鄭道明(?~?)은 조공租貢을 싣고 한양으로 가던 중, 썰물이 되어

바다가 바라보이는 곳에 위치한 용화사의 범종

미륵석불이 안치된 용화사 전경

물살이 너무 거세게 바다로 밀려 내려오자 더는 거슬러 올라가지 못하고 운양산 밑에 배를 대고 잠을 청했다. 그런데 그의 꿈에 부처가 나타나 배를 댄 곳에 석불石佛이 있을 것이라고 했다. 잠에서 깨어난 그는 석불을 찾았고, 실제로 거기에 석불이 있었다. 그래서 그는 그곳에 사찰을 세웠다고 한다. 바로 그 석불이 미륵불이다.

하지만 이보다 더 극적인 이야기도 있다. 그것은 정도명이 조공을 싣고 오는데, 강 한 가운데에서 영롱한 빛이 쏟아져 나와 물 속으로 들어가 보니 미륵불이 있었고, 그래서 그는 그곳에서 미륵불을 건져 한강이 잘 내려다보이는 곳에 모시고 거기에 절을 세웠다는 것이다.

불가에서 미륵불은 메시아적 존재다. 이에 따르면 석가모니가 열반에 들고, 56억 7천만 년이 흐른 뒤, 도솔천兜率天에 있던 미륵보살이 도탄에 빠진 중생을 구제하기 위해 이 세상으로 와서 꽃이 만발하고 기쁨과 덕德이 가득찬 세상을 건설할 것이라고 한다. 미륵불은 기독교로 따지면 구세주인 셈이다.

구원의 신, 미륵불은 권력자들의 횡포에 시달려야 했던 사람들에게 한 줄기 빛과 같은 존재였다. 아마도 이것은 세찬 물길을 헤치고 험준한 바닷길을 오갔던 뱃사공들에게도 마찬가지였을 것이다. 그들의 삶은 끝없는 노고에도 불구하고, 권세에 짓밟힌 고해苦海의 삶이었다. 그렇기에 용화사와 거기에 모셔진 미륵불에 관한 전설은 거센 바다 물길을 헤치고 이곳까지 온 뱃사공들의 삶에 대한 위로와 소망을 담고 있는 것이었는지도 모른다.

하지만 그들의 바람과 달리, 언제나 역사는 냉혹했다. 개인은 너무나 약한 실존이다. 그들은 아무리 벗어나려고 발버둥을 쳐도 거대한 역사의 물결을 벗어날 수 없으며, 그들의 의지와 상관없이 실존의 파괴를 경험할 수밖에 없다. 한반도의 근대 개항기는 바로 그런 역사적 소용돌이가 몰아쳤던 격동의 시기였다. 그 당시 이곳의 사람들도 그것을 벗어날 수 없었다.

서구 제국주의는 아메리카와 아프리카를 정복하고 인도와 동남아, 중국을 거쳐 한반도까지 그들의 활동 영역을 넓혀갔다. 1840년 영국은 아편전쟁을 일으켜 청淸을 굴복시키고 홍콩을 차지했다. 1858년 프랑스는 베트남의 다낭을 공격하고 이듬해에는 사이공을 점령했다. 이 무렵, 조선의 앞바다에서도 '이양선異樣船'이 수시로 출몰했다.

이양선은 말 그대로, '모양이 다른 배', 즉 서양의 '상선商船'을 가리킨다. 하지만 이들 상선은 단순한 교역선이 아니었다. 제국주의는 타국을 정치·군사적으로 지배함으로써 경제적 이득을 취한다. 따라서 당시 제국주의 국가의 상선들은 최신식 무기로 무장한 군대가 탑승한 군함이자 상선이었다.

1866년 8월 대동강에서는 12파운드의 대포 2문門으로 무장한 선원들이 탄 제너럴셔먼호가 나타났다. 그들은 평양 근처까지 올라왔고, 중군 이현익을 납치하는 등 평양 군민과 충돌했고, 사상자를 냈다. 이에 평양감사인 박규수朴珪壽

(1807~1877)는 화공火攻으로 제너럴셔먼호를 불태우고, 선원을 몰살했다.

그 당시 서구 제국주의 상선들이 그러했듯이 이 배에는 상인과 군인 이외에도 선교사가 타고 있었다. 그는 영국인 개신교 선교사 토머스(Thomas, 1840~1866)였다. 한국명은 최란헌崔蘭軒이다. 당시 제국주의는 한 손에 총을, 다른 한 손에 성경을 들고 다른 나라를 침략했다. 그렇기에 당시 서구 기독교의 전파는, 그들의 신앙심이나 선의와 달리 이미 제국주의의 침략이라는 검은 그림자로 얼룩져 있었다.

용맹했던 조선군의 저항 기억,
김포 문수산성

용화사에서 김포를 가로질러 서북쪽으로 가다 보면 한강이 서해로 접어드는 김포의 서북쪽, 강화도를 마주 보며 강화해협을 내려다보는 산 중턱에 산성이 있다. 바로 '문수산성文殊山城'이다. 문수산성은 강화도를 지나 한강으로 들어가는 지점에 있어서 군사적 요충지였다. 근대 개항기, 제국주의 프랑스의 침략에 대항한 조선군의 격렬한 저항과 승전의 기억은 바로 이곳으로부터 시작되었다.

병인양요는 병인박해를 계기로 시작되었다. 1866년 1월, 영불연합군이 베이징을 함락한 이후, 양민을 학살했다는 소식을 접한 흥선대원군 이하응李昰應 (1820~1898)은 1866년 2월 한국 이름이 장경일張敬一 이었던 베르뇌(Berneux, 1814~1866)를 비롯해 아홉 명의 프랑스 신부와 남종삼南鍾三(1817~1866) 등의 천주교 신도 약 8천여 명을 처형했다.

하지만 이 와중에 살아남은 한국명 이복명李福明의 리델(Ridel, 1830~1884) 신부는 조선을 몰래 빠져나와 중국의 텐진으로 가서 당시 프랑스 동양함대 사령관이었

김포 문수산성

던 로즈(Roze) 제독에게 구원을 요청했다. 이에 당시 한국의 정황을 들은 프랑스의 벨로네(Bellonêt)는 청국 정부를 '공범자'로 규탄하면서 조선에 대한 군사적 보복 원정을 명령했다.

　그해 9월 18일, 로즈 제독은 군함 세 척을 이끌고 강화해협을 지나 지금의 양화대교가 있는 '양화진楊花津'까지 올라왔다. 그들은 함포 사격으로 조선 수군을 제압한 뒤, 서강에서 측량작업을 진행했다. 조선의 조정에서는 어영중군 이용희李容熙(1811~?)에게 표하군과 훈국마보군을 거느리고 가서 이를 막도록 했다. 그러자 프랑스 함대는 9월 25일 세밀한 지세 정찰 수로를 탐사한 후, 지도 세 장을 만들어 그 해 10월 1일 중국으로 돌아갔다.

　그런데 이것은 본격적인 침략을 위한 사전 준비 작업이었을 뿐이다. 그해 10

월 11일, 그들은 본격적인 침략 전쟁에 착수했다. 로즈 제독은 리델 신부와 한국인 신도 세 명의 안내를 받으며 순양전함 게리에르호(Guerriere號)를 비롯한 군함 일곱 척, 함재대포 10문, 해병대 600명을 포함한 약 1,500여 명의 병력을 이끌고 중국의 산둥성 즈푸항을 출발해 조선으로 향했다. 그들은 "조선이 선교사 9명을 학살하였으니 조선인 9,000명을 죽이겠다"라는 포고문을 발표했다.

강화역사박물관에 재현된 병인양요

1차 정찰 결과에 따라 그들은 조선의 수도인 한양을 일거에 공격할 수 있는 가장 좋은 방법은 이곳 염하를 지나 한강으로 들어가 마포에 상륙하는 것이라고 판단했다. 하지만 군함이 마포까지 가는 것이 쉽지 않다고 판단한 그들은 강화도를 점령함으로써 한강으로 들어가는 입구를 봉쇄하는 전략을 취했다. 이곳을 점령함으로써 세곡선을 비롯한 뱃길을 막으면 한양이 고립되고, 도성 전체가 식량난을 겪게 되면 조선 왕실이 프랑스 함대에 굴복할 것으로 생각했기 때문이다.

10월 14일 4척의 함정과 해병대가 강화부 갑곶진 진해문 부근의 고지를 점거한 후, 1866년 10월 16일 강화산성을 점령했다. 이후, 프랑스군은 관아의 무기고와 화약고 등을 파괴하고, 외규장각의 귀중품과 도서 등을 전리품으로 약탈해갔다. 강화가 함락되었다는 소식이 전해지자 조선 조정은 대책에 들어갔고, 군대를 파견하기로 했다.

당시 조선의 군대는 훈련대장 이경하를 수장으로 하여, 어영중군 이용희, 종사관 안기영, 총융중군 이원희, 좌선봉 정치현, 우선봉 김선필, 순무천총 양헌

문수산성의 복원된 성벽 모습

수 등으로 구성되어 있었다. 조선 군대의 출병 소식을 들은 로즈 제독은 강화도로 오는 조선의 군대를 막기 위해 120여 명의 군사를 강화도 갑곶진 맞은편에 있는 문수산성으로 파견했다. 당시 문수산성을 지켰던 것은 순무초관 한성근韓聖根(1833~1905)이 이끄는 조선군 약 50여 명의 부대뿐이었다.

10월 26일, 조선군은 매복하고 있다가 프랑스 정찰대를 태운 보트가 약 20m 전방 나루에 접근하자 일제히 기습 사격을 가했고, 순식간에 3명을 사살했다. 프랑스군은 매복한 조선군의 기습에 놀란 일시 퇴각할 수밖에 없었다. 하지만 그들은 곧 전열을 가다듬고 우세한 화력과 병력을 바탕으로 다시 공격을 시작했다. 이에 중과부적, 화력과 수적인 절대 열세에 있었던 조선군은 물러날 수밖에 없었다.

문수보살을 모시는 사자처럼 용맹했던 조선군,
문수사

　문수산성은 결국 프랑스군의 차지가 되었다. 하지만 조선군이 그냥 넘겨준 것은 아니다. 순무초관 한성근이 이끄는 조선군은 27명의 프랑스군 사상자를 내는 등 막대한 피해를 입혔다. 문수산성은 한강을 들어가는 입구에 있는 군사적 요충지로, 해안가를 따라 발달한 험준한 산줄기를 살려 만든 산성이다.

　문수산성은 그곳에 '문수사文殊寺'가 있어서 붙여진 이름이다. 문수사는 지금 보면 매우 초라하고 볼품이 없을 정도로 작다. 하지만 그것은 분단으로 이곳이 최전방 지역이 됨으로써 사람들의 왕래가 줄어들었기 때문이다. 과거 문수사는 오랜 역사와 전통을 가진 사찰로, 꽤 많은 신도를 보유한 사찰이었다. '문수'는 불교의 4대 보살 중 하나로, 사자의 보필을 받는 지혜의 화신化神이다.

봉원사 아미타괘불도(ⓒ 문화재청)
괘불도의 아래 사자와 코끼리를 타고 있는 동자가
있다. 사자를 탄 동자 위에는 문수보살, 코끼리를 탄
동자 위에는 보현보살이 있다.

게다가 불교에서는 사자를 불법을 수호하는 신으로 생각했기에 '불도(佛道)의 개'라고 부르기도 했다. 그렇기에 사자는 지혜를 상징하는 문수보살을 모시며 불법을 수호한다. 한성근의 부대는 그런 불법을 수호하는 '사자'였다.

병인양요 당시 조선의 군대는 바로 이곳에서 문수보살을 모시는 '사자'처럼 용맹하고 지혜롭게 싸웠다. 그리고 콧대 높은 제국주의자들이었던 프랑스 군대에 조선군의 매운맛을 보여주었다. 하지만 이게 전부는 아니었다. 진짜 승전은 이 시각에 다른 곳에서 비밀리에 시작되고 있었다.

병인양요 때 비밀 도하 작전지,
김포 덕포진

병인양요 당시 조선군의 승전은 덕포진(德浦鎭)에서 시작되었다. 문수산성에서 남쪽으로 강화해협을 따라 내려오다 보면 강화도 남쪽 해협의 폭이 좁아지는 지역에 포구가 나온다. 덕포진이다. 1866년 10월 26일, 프랑스군이 문수산성을 장악할 즈음, 양헌수(梁憲洙)(1816~1888)가 이끄는 부대는 김포의 덕포진을 향해 빠르게 이동하고 있었다.

양헌수는 1866년 음력 9월 3일부터 10월 1~3일에 진행된 정족산성(鼎足山城) 전투를 거쳐 1866년 10월 26일 부총관에 임명되었다. 그는 이 과정 전체를 총 53일간의 기록으로 『병인일기(丙寅日記)』에 남겨 놓았다. 이 일기에 따르면 정족산성에서의 승전은 우연히 얻어진 것이 아니었다.

그는 강화도에 오기 이전부터 프랑스 군대를 물리치기 위한 전략을 고심했고, 이곳 덕포진에서 그 전략을 맨 처음 실행했다. 1866년 10월 18일, 해가 질 무렵에 김포 '통진(通津)'에 도착한 양헌수 장군은 화력 면에서 절대적인 열세에 놓여 있

는 조선군이 승리하기 위해서는 특별한 계책이 있어야 한다고 생각했다. 그는 이 것을 '어융방략御戎方略', 즉 서쪽 오랑캐를 막는 방략이라고 썼다.

양헌수는 조선군이 화력에서 절대적인 열세라는 점을 인정하고 그 열세를 극 복하기 위해서는 지리적 이점을 활용해야 한다고 생각했다. 이에 그는 강화도 일 대의 지형 지리를 파악하고 그 열세를 극복할 수 있는 곳을 찾았다. 그러던 중에 그는 이곳 덕포진 맞은편 강화도에 매우 오래된 '성城'이 있다는 것을 알았다. 따 라서 그는 이곳을 전략적 거점으로 삼아 진을 치고, 이곳으로 프랑스군을 유인함 으로써 지리적 이점을 최대화하겠다는 전략을 세웠다.

즉, 양헌수 장군은 화력에서 밀리는 조선군이 전투를 유리하게 끌고 가기 위 해서는, 우선 산성을 장악하여 높은 위치를 선점하고, 아래에서 공격해 오는 적군

덕포진 전시관

덕포진 전시관의 내부 모습

을 쳐야 한다고 생각했던 것이다. 게다가 거기에 덧붙여 그는 산성 밖에 군대를 매복시켜 기습하는 등 변칙적인 전술 운용 계책까지를 마련했다. 말 그대로, '기병작전奇兵作戰', 즉 기이하게 병사를 움직이는 작전을 세운 것이다.

하지만 이런 전략을 실행하기 위해서는 가장 먼저 해야 하는 것은 프랑스군 몰래 산성을 장악하는 것이다. 그래서 그는 이곳 덕포진에서 은밀하게 깊은 밤에 해협을 건너는 '잠도작전潛渡作戰'을 전개했다. 하지만 당시 조선군은 민간선박까지 포함하여 배를 한 척도 가지고 있지 않았다. 양헌수 부대는 주변을 수소문해서 소형 어선 다섯 척을 구했고, 이것을 덕포나루에 숨겨두었다.

1866년 11월 7일 밤 12시, 양헌수 부대는 드디어 강화해협을 건너는 심야 잠도 작전을 감행했다. 총 500여 명에게 1인당 2일분씩의 식량을 분배하고 세 개의 진으로 나누어 도하작전을 전개했다. 1진은 광성 나루를 거쳐 정족산성으로 먼저 진입했고, 2진은 양헌수 장군이 직접 인솔해서 덕진진을 거쳐 8일 새벽 4시경에 들어갔다. 마지막 3진은 동이 틀 무렵에 정족산성에 도착하는데 성공했다. 이로써 양헌수가 이끄는 부대는 어융방략과 기병작전을 전개할 수 있는 만만의 준비를 갖출 수 있었다.

덕포진

덕포진에서 바라본 앞바다

프랑스제국주의를 물리친 승전,
정족산성

덕포진 포구에서 강화해협을 건넌 양헌수 군이 도착한 곳은 정족산성이었다. 그것은 그가 전략적 고지로 삼았던 '고성古城'으로, 정족산성은 '정족산鼎足山'에 있는 산성이다. 강화도의 중심 마니산에는 세 봉우리가 있다. 그중 서쪽으로 뻗어 나온 봉우리가 바로 정족산이다. 산이 세 발 달린 가마솥처럼 생겼다고 해서 붙여진 이름이다. 하지만 다른 이름도 있다. '강화삼랑성江華三郎城'이 그것이다.

삼랑三郎은 직역하면 '세 명의 사내'를 일컫는 말로, '삼랑성'이라는 이름은 이곳의 성을 단군의 세 아들인 부소夫蘇·부우夫虞·부여夫餘가 쌓았다는 전설에서 나왔다고 한다. 하지만 '삼랑'을 다르게 이해하는 사람들도 있다. 이들에 따르면 삼

하늘에서 내려다본 강화삼랑성(ⓒ 강화군청)

랑은 단군이 마니산 참성단에 천제를 지낼 때 필요한 제물이나 의식 절차를 도와
주는 사람들을 지칭하는 관직명이다. 이 경우, 삼랑성이라는 이름의 기원은 그들
이 거주했기 때문이지 단군의 아들들이 성을 쌓았기 때문은 아니다.

　어쨌든 이 성을 쌓은 연대는 확실치 않다. 현재 남아 있는 성은 조선 말기
보수공사를 거친 것이다. 성곽의 축성으로 볼 때, 삼국 시대에 지어졌으며, 고
려 시대에 보수補修, 조선 시대에 중수重修를 거쳐 현재 모습을 갖추었다. 또한,
이곳에는 『조선왕조실록』을 보존하는 사고史庫가 있었다. 1660년 조선의 현종
은 마니산 사고에 보관했던 『조선왕조실록』을 이곳 정족산 사고로 옮겼다. 이때
왕실의 족보를 보관하는 선원보각璿源寶閣도 같이 만들어졌다. 현재 사고와 선원
보각은 없어지고 삼랑성 안에는 전등사傳燈寺를 중심으로 하여 그 흔적들만 남
아 있을 뿐이다.

강화삼랑성

정족산성지   터만 남은 정족산성진지

　어쨌든 양헌수 군은 야밤에 강화해협을 건너 이곳에 자리를 잡고 프랑스군을 맞을 준비를 했다. 1866년 11월 8일 새벽, 양헌수 부대는 프랑스군의 감시를 피해 정족산성에 집결한 이후, 적군의 예상 경로를 판단해 병력을 배치했다. 남문에는 초관 김기명의 지휘 하에 포수 161명을, 동문에는 초관 이렴의 휘하에 포수 150명을, 서문과 북문에는 초관 이대흥의 깃발 아래 경군 및 향군 157명을 배치하고, 프랑스군의 공격을 기다렸다.

　조선 군대가 정족산성을 장악했다는 첩보를 받은 로즈 제독은 11월 9일 오전 7시, 올리비에(Olivier) 대령으로 하여금 병력 150여 명을 이끌고 정족산성을 공격하도록 했다. 오전 9시경, 올리비에 대령이 이끄는 프랑스 군대가 정족산성에 도착했고, 정찰 활동을 하면서 공격을 준비했다.

　그러자 양헌수 장군은 정족산 어귀로 군대를 보내 프랑스군을 유인하기 시작했다. 조선군의 화승총은 사정거리가 100보에 불과했으나 프랑스군의 사정거리는 500보에 이르렀다. 조선군이 프랑스군을 상대하기 위해서는 사정거리 안으로

정족산성에서 내려다본 모습

강화역사박물관에 있는
병인양요 당시 전투 장면을 재현하고 있는 모형 사진

정족산성에서 내려다본 모습(파노라마)

프랑스군을 끌어들여야 했다. 드디어 2시경, 올리비에 대령의 본대가 100보 안으로 들어왔다. 이에 동문에 배치된 포수 이완보가 프랑스군 한 명을 조준 사격하면서 일제히 조선군의 화승총이 불을 뿜었다.

유인책에 말려든 프랑스군은 낮은 위치에서 속수무책 당하기 시작했고, 3시경

퇴각했다. 이 전투에서 프랑스군은 전사자 6명을 포함하여 60~70여 명의 사상자를 냈다. 하지만 조선군은 전사자 1명, 부상자 4명의 손해만을 입었을 뿐이다. 일격을 당한 다음날, 11월 10일 프랑스군은 강화도에서 스스로 물러났다. 프랑스 제국주의자들의 침략에 대항해 싸웠던 병인양요는 이렇게 조선의 승리로 끝났다.

자랑스러운 승전의 기억, 양헌수 승전비

프랑스 제국주의의 침략에 대한 승전은 오랫동안 기억에 남았다. 이를 기념하고 있는 비석은 두 군데에나 있다. 강화도의 갑곶순교성지 입구에 만들어 놓은 진해공원에는 강계포수들의 활약상을 기념한 '강계포수전첩기념비江界砲手戰捷紀念碑'가 있고, 정족산성에는 이날의 승전을 기념해 세운 '순무천총양공헌수승전비巡撫千摠梁公憲洙勝戰碑'라고 새긴 양헌수승전비가 있다.

양헌수는 1848년 무과에 급제한 무인으로, 이곳에서 프랑스군과 일전을 겨루기 전인 1865년까지는 제주 목사를 지냈다. 지금도 제주시 삼양3동에는 '양헌수선정비梁憲洙善政碑'가 있다. 양헌수는 대표적인 위정척사론자였던 이항로李恒老(1792~1868)의 제자로, 1876년 강화도조약 당시에도 개국을 반대하는 등 죽을 때까지 척화론자의 길을 걸었다.

하지만 이것은 양헌수만 걸었던 길은 아니다. 선교사 살해에 대한 보복을 명분으로 하여 조선을 침략했던 프랑스군이 강화도에서 20여 일 만에 철수하자 통상수교거부정책에 대한 흥선대원군의 자신감은 이전보다 더 강한 확신으로 바뀌었다. 그는 프랑스 군대가 물러간 이후, 서양 문물을 '악惡'으로 규정하는 것을 넘어서 그 어떤 화해나 친교도 거부하는 '척화斥和'를 전면에 내세우기 시작했다.

강계포수전첩기념비   양헌수승전비 전경

역사의 아이러니가 아닐 수 없다. 제국주의에 맞선 조선군의 지략과 용기가 이룩해낸 승전이 오히려 근거 없는 확신이 되었고, 그것이 결국 조선을 패망의 길로 이끌었으니 말이다. 천주교에 대한 탄압뿐만 아니라 통상수교거부정책이 더욱 강화되었고, 조선은 그만큼 세계사적인 흐름으로부터 뒤처져갔다. 밀려드는 서구 열강에 대항하기 위해서라도 서양 문물의 수용은 불가피했다. 하지만 조선은 역사를 거꾸로 거슬러 올라갔다.

그렇기에 화와 복, 길과 흉이 한 끗 차이인지도 모른다. 승전이 오히려 패망을 재촉했으니 말이다. 하지만 화가 복이 되고 흉이 길이 되거나 복이 화가 되고 길이 흉이 되는 것은 단지 '운'의 탓이기만 한 것은 아니다. 마키아벨리는 운명을 좌우하는 요소로, 운을 뜻하는 '포르투나'와 더불어 능력이나 덕성을 의미하는 '비르투'를 함께 들었다.

비록 '포르투나'가 없어도 '비르투'를 통해 운명을 개척할 수는 있다. 또한, 아무리 '포르투나'가 좋아도 '비르투'가 없이는 그것을 자신의 것으로 만들 수 없다. 그렇기에 모든 것을 운이 나빠서라고 말할 수는 없다. 그런데 당시 조선의 왕실과

순무천총양헌수승전비라는 글귀가 선명하다.

조정은 시대착오적이었기에 행운을 잡을 능력도, 불운을 극복할 능력도 없었다. 그렇기에 이런 승전조차 화가 되었고, 조선의 멸망은 필연이 되었다. 하지만 그 대가는 무능한 이씨 왕실과 조선의 고관대작이 아니라 이곳 조강을 젖줄 삼아 살 았던 백성과 후손들이 치러야 했다.

문수사 1: 풍담대사의 부도와 설화

문수사 서쪽 언덕에는 풍담대사의 부도浮屠 및 비碑가 있다. 이곳을 둘러보면서 문수사에 얽힌 이야기들을 회상해보는 것도 좋다. 일반적으로 사찰에는 그들이 역사적으로 매우 중요시하는 인물의 부도와 비석이 있다. 풍담대사는 본명이 의심義諶(1592~1665)으로, 조선 중기의 승려다.

문수사가 언제 만들었는지 확실치 않다. 통일 신라 시대 혜공왕惠恭王(758~780) 때 창건되었다는 설과 876년에 창건되었다는 설이 있다. 따라서 풍담대사는 문수사를 만든 창건대사가 아니다. 그런데도 이곳에는 맨 처음 절을 세운 사람의 창건설화가 아니라 풍담대사에 얽힌 설화가 남아 있다. 그 이야기는 다음과 같다.

풍담대사가 한강을 따라 문수곡文殊谷에 이르렀을 때였다. 불도佛徒 세 사람이 나타나 다음과 같이 말했다. "대사님 잘 오셨습니다. 저희는 이 절의 불도인데, 스님들의 생활상이 안타깝습니다. 그러니 잠시 들르셔서 스님들을 일깨워 올바르게 살도록 지도해 주십시오."

그 말을 들은 대사는 앞장을 섰다. 그런데 앞장 서서 가다가 뒤를 돌아보니 세 사람이 보이지 않았다. 대사는 이 세 불도가 예사 사람이 아니라는 것을 직감했다. 그리고 대사는 이곳에 머물면서 불교를 전파하기 시작했다. 그 뒤 사찰은 번창했고, 불교 신도가 300명이나 되는 절로 성장했다고 한다.

문수사 풍담대사 부도 및 비(ⓒ 문화재청)

문수사 2: 방형연화대좌와 청와대 불상

김포 문수사 방형연화대좌

현재 문수사에는 대웅전과 요사채만 남아 있는 조그만 절이 되었다. 한때 융성했던 절이 이토록 초라해진 것은 분단 때문일 것이다. 그런데 요사채 동쪽에는 5층 석탑과 연꽃 문양의 네모난 받침대처럼 보이는 조각이 있다. 그것은 사각형의 연꽃 문양 위에 부처가 앉아 있는 '방형연화대좌方形蓮花臺座'의 일부다. '방형'은 사각형을, '연화'는 연꽃을, 대좌는 앉아 있는 모양을 가리킨다.

하지만 사람들은 뭐 볼 것이 있느냐며 대부분 이 받침대를 그냥 지나친다. 하지만 이런 불상과 같은 것으로, 매우 잘 알려진 불상이 있다. '청와대 불상'이라고 하여 청와대 대통령 관저 뒤편에 있는 불상이 바로 그것이다. 방형연화대좌는 팔각형의 연꽃 문양 위에 부처를 올리는 방식과 달리 사각형의 연꽃 문양 위에 부처를 올린 불상으로, 생각보다 보기 힘든 불상이다. 그런데 이런 불상이 다름 아닌 청와대 뒤편에 있다는 것은 매우 특이할 수밖에 없다. 하지만 여기에는 우리 역사의 비극적인 사연이 숨어 있다.

청와대 불상은 원래 경주에 있던 불상이다. 그런데 1910년대 경주에 살던 고다이라 료조小平亮三가 자택에 소장하고 있던 이 불상을 당시 총독이던 데라우치 마사타케寺內正毅에게 받치고, 마사타게는 이를 자신이 기거하던 남산 총독 관저로 옮겨놓았다. 그 후, 1930년대에 그는 현재의 청와대 대지에 총독관저를 마련하면서 지금의 위치로 옮겼던 것이다. 그렇기에 그것은 청와대에 남아 있는 일제의 잔재이며 흔적이기도 하다.

현재의 청와대가 자리를 잡은 곳은 경복궁의 북문인 신무문神武門 밖 후원에 해당하는 곳이었다. 그러나 일제의 강점 이후 1927년 일제에 의하여 헐리고, 조선총독부 관저를 새로 건립하면서 7, 8, 9대 조선 총독의 관저가 되었다. 식민지 권력의 최고 수장이 기거하던 곳이었던 셈이다.

경주 방형대좌 석조여래좌상 전경(© 문화재청)

하지만 8·15 이후로도 이는 끝나지 않았다. 이후, 미군정 사령관 하지(Hodge, J. R.) 중장의 관저가 되었기 때문이다.

그런데도 대한민국을 건국한 이승만 대통령은 1948년 8월 대한민국 정부 수립과 함께 이곳을 대통령 관저로 사용하였고, 민주화된 오늘날에도 이곳은 대한민국의 최고 통치자가 기거하는 곳이 되었다. 하지만 이승만 대통령 때만 해도 이곳은 '청와대'가 아니라 '경무대景武臺'라고 불리었다. 이곳이 청와대라는 이름을 갖게 된 것은 4·19혁명 이후, 수립된 제2공화국의 윤보선尹潽善 대통령 때였다.

대통령은 시민들 곁에 있어야 하지만 청와대는 산속 깊숙이 자리를 잡고 있다. 그렇기에 거기에서 무슨 일이 일어나고, 어떤 일을 꾸미는지 사람들은 알지 못한다. 게다가 시민들이 접근하기도 힘들다. 대통령은 시민의 하인, 즉 종복임에도 불구하고 그가 기거하는 청와대는 서울 전체를 내려다보는 높은 곳, 산속 깊은 곳에 자리를 잡고 있다. 그렇기에 그곳은 일제와 미군정으로 이어지는 지배자들, 식민지 점령군의 통치의 공간으로 적절하다. 하지만 지금 우리는 '민주공화국'인 대한민국에 살고 있지 않은가? 그렇기에 청와대라는 공간 그 자체가 극복해야 할 식민의 잔재가 아닐까 싶다.

04

유학의 이념과 김포의 학문,
그 빛과 어두움

김포향교 – 중봉 조헌 선생 동상 – 우저서원 – 양성지 묘역 및 신도비 – 대포서원 – 대성원 – 통진 이청 – 통진향교 – 한재당

김포의 국립교육기관, 김포향교
조선 선비의 충의, 조헌 선생 동상·우저서원
위대한 문장가, 양성지 묘역–신도비·대포서원
유생들의 시와 학문 강론의 장, 대성원
권력의 시녀가 된 유학의 민낯, 통진이청
김포의 또 다른 향교, 통진향교
유학의 이념을 지킨 이목, 한재당

_____ 족벌 중심의 귀족국가였던 고려왕조를 무너뜨리고 조선을 세울 때, 이성계와 정도전은 왕이 학문과 도덕을 닦은 선비들의 의견을 모아 국정을 이끌어 가는 나라를 세우겠다고 공언했다. 그들에게 성리학性理學은 인간성의 보편적인 원리를 제시하는 학문이자 모두가 더불어 사는 '대동사회大同社會'를 건설하는 비전을 제시한 학문이었다. 성리학의 나라를 만들기 위해서는 성리학 전문가들이 필요했다. 사대부가 바로 그들이다. 조선의 국정운영은 성리학적 지식과 신념이 투철한 인물들에게 맡겨져야 했고, 조선은 이들을 길러내기 위한 국가교육기관과 '과거제도'라는 관료선발제도를 매우 중요하게 생각했다.

_____ 현재 김포에는 두 개의 향교와 두 개의 서원이 있다. 조선시대 성균관과 향교는 국가교육기관이었고, 서원은, 말하자면 사립교육기관이었다. 서원은 특히 16세기에 중앙 정치 무대 전면에 등장한 사림들과 밀접한 관련이 있다. 사림의 학문적·정치적 성장 뒤에는 서원이 있었고, 사림의 정치적 위상이 높아짐에 따라 각 서원의 위세는 더더욱 강력해졌다. 한양과 가까운 김포, 파주 등에 향교와 서원이 많은 것도 이 때문이다. 게다가 김포에는 이와는 또 다른 맥락의 유교 건축물들이 남아있다. 한재당寒齋堂과 대성원大聖院이다.

_____ 유교는 조선의 건국이념이자 통치철학, 그리고 국교였다. 역사적으로 어떤 종교든, 사상이든 오류와 말폐는 있어 왔다. 특히 학문적·사회적·정치적·종교적 권력이 주어졌을 때, 동서고금을 막론하고 말단의 폐해는 더 이상 '말단'이라는 수식어를 붙일 수 없을 만큼 커지기도 한다. 유교도 마찬가지다. 김포에 남아있는 유교의 역사적 기억들에도 빛과 그림자를 읽을 수 있는 것처럼.

김포의 국립교육기관,
김포향교

서울에서 일산대교를 건너 김포시청 쪽으로 들어가면 김포향교가 나온다. 다른 향교들이 그러하듯이 김포향교도 교육공간인 명륜당이 앞에 있고, 제향祭享 공간인 대성전이 뒤에 있는 전형적인 '전학후묘前學後廟'의 형식을 따르고 있다. 오래되었을 것으로 예상되는 건립연대에 비해 건물들은 상당히 최근에 지어진 것처럼 느껴진다. 기실, 향교 대부분이 그랬던 것처럼 일제강점기와 한국전쟁을 거치면서 훼손된 것을 1965년 이후 보수, 복원을 했기 때문이다.

강당인 명륜당 앞에는 기숙사인 동재와 서재가 있으며 대성전에서는 유교에서 숭상하는 공자, 맹자, 안자, 증자, 자사 등 다섯 성현의 위패를 모시고 있다. 또

김포향교

한, 대성전 앞 동무東廡와 서무西廡에서는 주희, 정이, 정호, 주돈이 등 중국의 송조宋朝 4현을 비롯해 최치원·안향) 등 해동海東 18현의 위패를 모시고 있다. 전형적인 구조다. 아마도 조선 시대 이곳에서 김포의 선비들이 학문을 닦고 출세의 꿈을 꾸었을 것이다.

그러나 향교의 입지는 조선 중기를 넘어가면서 조금씩 좁아져 갔다. 서원의 등장과 확산 때문이다.

조선 선비의 충의,
조헌 선생 동상·우저서원

공립학교였던 향교의 지위는 16세기 사림의 영향력이 커지면서 점차 위협을 받게 되었다. 사림의 세력 기반이 되었던 서원의 성장 탓이다. 공자로부터 해동 18현의 위패까지 함께 봉안했던 향교와 달리 서원은 특정 인물들을 배향했다. 이 말은, 향교와 달리 서원에는 분명하게 '중심인물'이 존재했다는 의미이다. 어떤 인물을 배향했느냐는 곧 그 서원이 어떤 학문적·정치적 지향을 가지고 있느냐를 상징한다. 같은 뜻을 가진 사람들끼리 모여있던 서원이 국지적·배타적 집단주의인 붕당의 물리적 근거가 된 것은 어쩌면 자연스러운 전개였는지도 모른다.

김포에는 모두 두 개의 서원이 있다. 하나는 김포를 대표하는 학자라고 할 수 있는 조헌趙憲(1544~1592)을 모신 우저서원牛渚書院이고, 다른 하나는 역시 유명한 유학자이자 문필가인 양성지梁誠之(1415~1482)를 배향한 대포서원大浦書院이다.

김포에서 태어나서 자란 조헌은 '조헌과 칠백의총七百義塚'으로 유명하다. 최근 김포시는 구국의 의인인 조헌의 업적을 되새기는 일련의 사업을 벌이고 있다. 일산대교를 건너 '우저서원'을 향해 가다 보면 삼거리가 나온다. 그 삼거리 중앙에

중봉조헌동상(© 김포시청)

는 동상이 하나 서 있다. '중봉 조헌 선생'의 동상이다. 꼿꼿하게 서서 앞으로 손을 쭉 뻗고 정면을 노려보는 동상은 그의 강직했던 성격과 기개, 충절 및 학식을 잘 보여주고 있다.

조헌은 율곡 이이(1536~1584)와 우계 성혼(1535~1598) 등이 속한 서인西人의 대표적인 인물 중 하나였다. 그는 임진왜란을 예견하고 이이와 함께 노비를 줄여 병사로 선발하고, 20년 안에 백만百萬의 정예병을 갖출 것을 주장했다. 하지만 이러한 주장은 조선에서 받아들여지지 않았다. 그는 일본에 강경한 대응을 요구한 '청절왜사소請絶倭使疏'를 쓰는가 하면, 토지제도와 군제 개혁 및 일본과의 외교 단절을 거듭 주장하다가 관직에서 물러나기도 했다.

임진왜란이 발발했을 때, 그는 옥천군 안읍밤티安邑栗峙에서 '후율정사後栗精舍'라는 공간에 머물며 학문을 닦으며 제자를 양성하고 있었다. 하지만 임진왜란이

—
우저서원

일어났던 1592년 4월, 조헌은 48세의 나이로 옥천에서 의병을 일으켰다. 이우李瑀·김경백金敬伯·전승업全承業 등과 의병 1,600여 명을 모아, 8월 1일 영규靈圭의 승군僧軍과 함께 청주성을 쳐서 이를 왜군으로부터 되찾았다.

하지만 청주를 발판으로 삼아 의주로 북상하려는 계획이 당시 관군과의 충돌로 틀어졌다. 그래서 700명의 의병을 이끌고 왜군이 함락한 금산錦山을 향해 나갔다. 이곳에서 조헌의 군대는 호남 순찰사 권율과 협공하고자 했으나 전라도로 진격하려는 고바야가와小早川隆景의 왜군이 역습을 해왔다. 역습을 피하지 못하고, 8월 18일 '금산전투'에서 조헌과 7백 의사義士는 모두 전사했다.

이후 22일, 조헌의 제자 박정량朴廷亮·전승업 등이 시체를 거두어 하나의 무덤을 만들고 '칠백의총'이라 칭했다. 1648년, 김포 유림儒林이 뜻을 모아 우저서원을 창건하였다. 그리고 국가의 공인과 공식적 지원을 의미하는 사액은 1675년에 이뤄졌다. 조헌은 1734년, 영조(1694~1776) 때 영의정으로 추증되었고, 1883년 문묘에 배향되었다.

우저서원은 1871년 대원군의 서원철폐 때도 훼철되지 않은 47개 사원 중 하나다. 이곳 이외에도 조헌을 모시는 서원으로는 옥천의 표충사表忠祠, 배천의 문회서원文會書院, 금산의 성곡서원星谷書院, 보은의 상현서원象賢書院 등이 있다. 우저서원 안에는 조헌선생유허추모비趙憲先生遺墟追慕碑가 있고 매

우저서원의 보호수인 느티나무

년 음력 2월과 그의 기일인 음력 8월에 제사를 지내고 있다.

위대한 문장가,
양성지 묘역-신도비·대포서원

양성지의 호號는 '눌재訥齋'다. 말을 잘하지 못한다는 의미다. 말을 잘하지 못했는지, 아니면 말을 줄이고자 했는지 모르겠지만, 확실히 글에는 매우 뛰어났다.

우저서원에서 서쪽으로 가면 김포가 내세우는 또 하나의 인물 '양성지' 묘역과 신도비, 그리고 그를 기리는 대포서원이 나온다. '문양공 양성지 신도비文襄公梁誠之神道碑'는 양성지 묘역 아래쪽 도로변에 있는 옛 신도비와 새로 건립한 신도비 두 기가 나란히 세워져 있다. 옛 신도비는 조선 전기에 세운 것이며, 새로 세운 신

양성지 신도비 중 옛신도비　　　　대포서원

도비는 2000년에 그의 후손들이 세운 것이다.

　　양성지는 조선 시대 세조(1417~1468)가 '만세의 보배', '나의 제갈량'이라고 평가한 것으로 유명하다. 널리 알려진 것처럼 삼국지의 영웅, 제갈량은 중국 삼국 시대 촉한의 개국공신으로서 군사부터 내정과 외교, 경제와 정치를 아우르는 전천후의 만능형 고위관리였다. 이러한 제갈량처럼 양성지 역시 여러 방면에서 탁월한 능력을 발휘했다.

　　1392년에 조선이 건국된 지 23년 뒤에 태어난 양성지가 처음 관리로 임용된 것은 진사시에 합격한 1441년이다. 이때, 그의 나이는 스물일곱이었다. 이후 그는 40여 년간 세종(1397~1450)부터 성종(1457~1494)까지 여섯 명의 임금을 섬기며 다양한 사업에 관여했다. 건국 초기 조선의 중요한 국책사업은 중앙집권을 위한 내부 질서의 확립과 국방 강화였다. 이를 위해서 무엇보다 중요했던 것은 조선이라는 나라에 대한 정확한 인식이었다.

　　양성지는 최초의 실측 전국 지도라고 알려진 1463년의 『동국지도東國地圖』와 1481년의 『동국여지승람東國輿地勝覽』의 편찬에 참여했다. 그뿐만 아니라, 『치평요

람(治平要覧)과 『용비어천가(龍飛御天歌)』, 동양 최대의 의학 사전이었던 『의방유취(醫方類聚)』, 그리고 역사서인 『고려사(高麗史)』와 『세종실록(世宗實錄)』, 『예종실록(睿宗實錄)』 등 매우 거대한 국가 편찬 사업을 이끌었다.

그는 단군을 국조로 모시고 우리 고유의 문화를 보존해야 한다고 주장했다. 이를 위해, 현대적 용어로 말하자면 아카이브에 해당하는 규장각(奎章閣)을 세웠다. 그리고 중앙 조정은 물론 각 고을의 문화자료를 수집 보관해야 한다고 주장했다. 하지만 규장각은 그의 사후 300여 년이 지나 정조(1752~1800)의 대에 이르러서야 만들어졌다. 정조 15년이었던 1791년에는 규장각 관원 30명 모두 양성지의 외손이었다고 하니, 그와 그 집안의 학문적 기품이 얼마나 훌륭했는지를 알 수 있다.

하지만 양성지에 대한 평가가 항상 좋았던 것은 아니다. 양성지가 대학자로서의 명성을 다시 얻게 된 것은 그가 죽은 뒤 300여 년이 지난 정조 때에 와서다. 정조는 양성지의 학문에 깊이 감화되어 규장각을 세운 후, 직접 어제서문(御製序文)을 짓고 그의 문집을 만들기도 했다. 일찍이 정조 15년, 1791년 양성지의 공적을 치하하기 위해 이곳에는 월곡서원(月谷書院)을 세웠다. 그리고 양성지가 만년을 보낸 통진도 서원 건립을 주선했으나 실현되지 못했다. 그러다가 1973년 유림이 힘을 모아 그의 묘소가 있는 이곳에 대포서원을 세웠다.

유생들의 시와 학문 강론의 장,
대성원

대포서원에서 서해 쪽으로 좀 더 내려가다 보면 일제강점기에 유생들이 모여 시와 학문을 강론했던 곳이 나온다. 조선말 이곳 출신 유생 심성택(沈星澤)은 공자의 출생지인 중국의 곡부(曲阜)로 가 공자를 비롯한 맹자, 안자, 증자, 자사 등 다섯

대성원(오르는 길)

현인의 그림을 베껴 그려서 돌아왔다. 이후, 심성택은 개인재산을 털어 대성원大
聖院을 지었다고 전해진다.

　　대성원은 1930년에 처음 지어진 것으로 전해진다. 대성원 본 건물에 가려면
'금릉대성원金陵大聖院'이라고 쓰인 홍살문을 지나 높은 계단을 올라가야 한다. 홍
살문 주변의 작은 비석들은 하마비와 효행비 들이다. 홍살문을 지나 계단을 다 오
르면, 커다란 현판을 단 솟을삼문이 나온다. 솟을삼문 뒤로 대성원과 명륜당이 나
란히 있다.

대성원   대성원 명륜당

　　현재 우리가 보는 건물은 한국전쟁 때 모두 소실된 것을 복원한 것이다. 대성원은 1993년, 명륜당은 2003년에 각각 복원되었다. 그래서인지 이곳의 건물은 김포향교나 통진향교와 다르고, 같은 서원인 우저서원이나 대포서원과도 다르다. 향교와 서원이 학교의 기능을 행했던 반면 대성원은 학교의 기능을 갖추고 있지 못하다. 아마도 과거시험이 폐지되고 성리학의 퇴조되었던 일제강점기에 건립되어, 학교의 기능보다 유생들이 토론하는 장소의 기능이 중시되었기 때문으로 보인다.

　　우선, 동무나 서무, 동재나 서재가 없다. 대성원은 유생들이 모여 시화와 학문을 나누던 정자의 기능이 중요했기 때문에 학생들이 기거하는 기숙사가 필요없었던 것으로 보인다. 둘째, 제향 공간인 대성원에 팔작지붕을, 명륜당에는 맞배지붕을 올렸다. 그리고 비바람이 들이치는 것을 막는 '풍판'을 대성원이 아니라 명륜당에 달아놓았다. 대성원 건물에 높이 올린 장주형 주춧돌과 장대석 기단 위에, 다시 장대석 계단을 두어 품격을 높이고 있다. 지금도 이곳에서는 공자의 기일인 음력 2월 18일이 되면 매년 석전제를 지내고 있다.

권력의 시녀가 된 유학의 민낯,
통진이청

대성원에서 북쪽으로 올라가면 옛 통진부의 현청이 있었던 '통진이청通津吏廳'이 나온다. 현재 남아있는 조선 시대 관아의 수는 극히 적다. 경기도에는 평택의 팽성객사彭城客舍, 안성의 안성객사安城客舍, 양주의 양주관아지楊州官衙址 정도가 남아있다. 복원공사를 마친 통진이청은 앞면 일곱 칸에 팔작지붕을 하고 있으며, 왼쪽 두 칸은 넓은 대청마루, 가운데 네 칸은 온돌방, 오른쪽 한 칸은 부엌이다.

통진이청 뒤편에는 현재 월곶생활문화센터가 된 월곶면사무소 자리가 있다. 이곳은 본래 통진도호부通津都護府의 관청이 있었던 곳이다. 지금은 관청의 일부인 이청吏廳 건물만 남아있다. 이 또한, 원래 민가로 사용되다가 폐가가 되었던 것을 김포시가 인수하여 복원한 것이다.

그런데 이곳에는 과거 통진현을 다스렸던 현감과 부사, 고을 수령들의 선정비善政碑 등 총 열일곱 기가 나란히 늘어서 있다. 이 줄지어 서 있는 선정비를 바라보노라니 저 많은 선정비가 과연 이곳의 백성들이 자발적으로 세운 것일까 하는 의문이 든다.

역사적으로도 선정비 수가 가장 급증했던 시기는 조선 말기 세도정치가 극에 달하던 헌종(1827~1849)과 철종(1831~1863) 때였다. 그리고 고종(1852~1919) 때 최고조에 달했다. 탐관오리가 급증하고 정치가 제 역할을 하지 못할 때, 그리하여 백성의 원성이 자자했던 시절에 선정비가 가장 많이 세워졌다는 것은 아이러니다.

조선이 개국할 때 내세웠던 사대부의 학덕에 근거한 '왕도정치王道政治'가 무색해지는 지점이다. 관리들은 선정비를 내세워 자신의 치적을 홍보했다. 하지만 선정비는 목민관들이 백성의 고혈을 짜내며 자신들의 악행을 감추기 위해 급조를

통진이청

강제한 아첨과 거짓의 산물이었다. 물론 학문과 덕망을 갖춘 선비들도 있었다. 하지만 '치국治國'을 내세우며 학문과 권력이 결합했을 때, 이미 그 학문은 권력의 시녀로 전락할 수밖에 없는 운명이었을 지도 모른다.

김포의 또 다른 향교,
통진향교

통진이청 옆에는 '통진향교通津鄕校'가 있다. 조선 시대 향교설립 기준은 1향鄕 1교校, 즉 하나의 고을에 하나의 학교를 둔다는 것이다. 하지만 현재 김포에 남아있

통진향교

는 향교는 두 개다. 김포향교와 통진향교가 바로 그것이다. 조선 시대만 하더라도 이 지역이 김포현金浦縣과 통진현通津縣, 양천현陽川縣으로 행정구역이 나뉘어 '현縣'과 '군郡', '부府'를 왔다 갔다 했기 때문이다. 현재 양천향교는 양천구에 있다.

　조선 시대 김포현은 잠시 부평부에 편입되었던 1414년부터 1416년을 제외하면 현縣으로서 지위를 계속 유지했다. 통진향교 역시 1413년 통진현이 설치되었고, 1485년 간행된 『경국대전經國大典』에도 현縣으로 기록되어 있는 것이나, 통진현이 1694년 통진도호부通津都護所로 승격되었던 것을 보면, 두 향교가 세워져 있다 해도 이상할 게 없다.

　김포향교와 통진향교 모두 언제 지어졌는지 분명하지 않다. 두 곳 모두 전국적으로 학교를 세우도록 했다는 고려 인종(1109~1146) 때인 1127년일 것으로 추정하고 있다. 하지만 확실치는 않다. 전국적으로 남아있는 230여 곳의 향교 중

고려 인종 5년에 건립된 것으로 여겨지는 향교들이 다수 있지만, 사정은 마찬가지다. 이는 무엇보다 고려 인종의 조서가 실제 전국적인 학교의 건립으로 이어졌는지, 또한 인종이 세우도록 한 것이 지금의 향교들인지가 분명치 않기 때문이다.

통진향교 풍화루

그러나 정확한 연대를 추정하지 못할 뿐이지 두 향교 모두 조선 전기에 이미 존재하고 있었던 것은 분명하다. 두 향교는 1530년에 증보된 『신동국여지승람新增東國輿地勝覽』에 처음 등장한다.

통진향교의 건물 구성은, 다른 향교들 대부분이 그러하듯이 '전학후묘前學後廟'의 형식을 따르고 있으며 동무와 서무의 배치도 같다. 다만, 통진향교는 대성전의 초석을 장주형으로 높여 위엄을 더한 것과 동무와 서무가 깔끔하게 복원된 것에 비해 명륜당은 옹색한 느낌이 있다. 무엇보다 창이 없어서 그런 느낌을 주는 것 같은데, 김포향교의 명륜당은 좌우로 넓게 지어진 데다 정면의 배치도 더 느긋한 감이 있다.

유학의 이념을 지킨 이목,
한재당

김포에 남아있는 학문의 기풍은 향교와 서원 말고도 다른 데서도 찾아볼 수 있다. 월곶면 뒤 애기봉길에 남아있는 한재당寒齋堂은 연산군(1476~1506) 시절 28세의 나이로 생을 마감한 학자이자 정치가였던 이목李穆(1471~1498)의 위패를

한재당

모신 사당이다. 젊은 나이에 죽었지만, 그의 유학에 대한 충실성을 전하는 일화는 많다. 대표적으로 몇 번이나 왕실의 불교 행사를 반대하는 상소를 올려 끝내 귀양까지 갔던 일을 들 수 있겠다.

조선의 건국이념이었던 성리학은 단지 학문만이 아니었다. 향교나 서원에 항상 제사 공간을 두었던 것처럼 그것은 국학國學이라기보다 국교國敎에 가까웠다. 성리학자들은 성리학에 대한 믿음이 너무나 굳건해서 다른 사상을 받아들일 틈을 허락하지 않았다.

그들은 특히 불교와 도교를 비판했는데, 혹세무민惑世誣民의 거짓된 논설이라는 것이 골자였다. 지금의 눈으로 보자면, 유학자들이 불교와 도교를 배척한 것은 마치 근대인들이 중세를 향해 이성의 칼을 휘둘렀던 것과 유사하다. 하지만 당시 유학자들의 믿음과 열정은 순수하고 진실했다. 그것은 죽음조차 감수할 수 있는 순도 높은 믿음이었다.

그런 의미에서 무오사화(戊午士禍)(1498)로 끝내 죽임을 당했던 이목은 일종의 학문적 순교자였다. 그의 순수성은 그가 죽은 지 10여 년이 지나 연산군이 쫓겨나고 중종(1488~1544)이 왕위에 오른 뒤 인정받았다. 이목은 공주에 있는 충현서원(忠賢書院)에 배향되었고, 사후 명예직으로 주어지는 관직 추증도 더해졌다. 영조 대에는 그의 절개를 기리기 위해 개별 사당을 지어 신주를 옮기지 말라는 명령이 내려졌고. 지금 자리에 한재당이 세워졌다.

유학이라는 학문은 단순히 지식 획득만을 목표로 한 것이 아니라 대동사회를 건설하고자 했던 세계관이기도 했다. 따라서 유학자는 그 길을 실천해야 했다. 양성지처럼 어떤 학자는 그 길을 찾기 위해 학문을 닦았고, 또 어떤 학자는 조헌처럼 충의를 지키기 위해 자신의 목숨을 걸고 나라를 지켰다. 또 다른 학자는 이목처럼 자신의 신념을 위해 목숨을 초개(草芥)같이 버렸다. 그들은 그들 나름의 신념과 정의, 진실을 위해 살았다.

학문이 정치의 힘을 얻을 때, 학문은 세상을 바꾸는 원동력이 되기도 한다. 하지만 정치는 학문을 권력의 시녀로, 학자를 정치에 부역하는 패배자로 만들어 버리기도 한다. 대동사회의 건설은 뒷전이 되고 오직 더 많은 권력을 장악하기 위해 패당(牌黨)을 지어 자신들끼리만 권력을 나누고 백성의 고혈을 짜냈던 탐관오리들은 조선의 왕도정치라는 건국이념을 완전히 망쳐 놓았을 뿐 아니라 유교의 이념과 가치마저도 오염시켜 버렸다.

유교에도 빛과 그림자가 있다. 이 땅에서 유교의 그림자는 조선의 망국과 그 운명을 함께 했다. 그래서 마치 유교에는 처음부터 빛이 없었던 것처럼 말해지기도 한다. 그러나 진한 그림자만큼 밝은 빛의 시절이 있었다. 조선을 세웠던 정도전과 그의 동지들, 충의와 신념을 위해 목숨마저 아까워하지 않았던 조헌과 이목, 그리고 이름조차 남기지 않았지만 충실히 살아갔던 수없이 많았던 진실한 유학자들의 삶이 바로 그 빛이다.

대포서원

대포서원은 김포의 두 서원 중 하나다. 건립연도는 1973년이다. 서원 대부분이
목조건축물인 탓에 멀리는 왜란과 호란, 가깝게는 일제강점기에서 한국전쟁으로
이어지는 시기에 많은 훼상을 겪은 데 반해 대포서원이 말끔한 것은 이 때문이다
(다른 하나는 1648년에 건립되고 1973년에 대대적으로 보수된 우저서원이다).

　우저서원이 오밀조밀하게 모여있는 느낌이라면 대포서원은, 해방 이후 공식
적으로 인가를 받아 처음으로 세워진 서원답게, 규모와 격식에서 매우 공을 들인
기색이 역력하다. 외삼문과 내삼문에 모두 솟을지붕을 얹었고, 풍판과 단청도 가
장 화려한 수준까지 칠해서 격식을 높였다. 특히 외삼문과 내삼문 앞뒤로 배치된
계단들은 권위적이기까지 하다.

　사실 대포서원을 추천하는 데는 또 다른 속내가 있다. 일반적으로 요즈음에
가족끼리 어딘가로 놀러 나갈 곳을 찾노라면, 사람들의 머릿속에 가장 먼저 떠오
르는 곳은 멀티플렉스나 대형 쇼핑몰 아니면 동물원이나 테마파크 같은 유원지
들일 것이다. 그런데 그런 곳에 가자니, 사람들이 너무 많아 요즘 같은 '코시국'에
는 여간 걱정스럽지 않다(부디 독자께서 이 책을 읽으실 즈음에는 코로나가 '옛날 일'이
되어 있기를…). 상대적으로 한적하고, 또 경치도 제법 좋은 곳들이 바로 서원과 사
찰인데, 사찰보다도 서원이 좋은 이유는 아무래도 더 조용하고 정갈한 내용 때문
일 것이다.

　사찰은 아무래도 상시적인 종교행사 탓에 방문객이 적지 않게 마련이다. 이에
비해 상대적으로 서원은 일 년에 한두 차례만 그런 식의 행사가 있을 뿐이다. 대
포서원 역시 매년 4월 25일에 양성지 선생에 대한 대제가 치러진다. 평소에는 잘

꾸며진 전통적인 건축과 정원을 감상한다는 마음으로, 전통에 대해 조금 색다른 경험을 해보고 싶다면 대제일에 맞춰 방문을 해보면 어떨까. 조선시대 마냥 지나치게 엄숙하게 임할 필요도, 이제는 없을 테니까.

05

연평도 기행 1
조기 파시의 추억을 간직한
연평도가 품은 삶의 염원들

산자락의 한적한 어촌 마을, 소연평도항
선사시대 삶의 자취, 소연평도 패총
안목 조기에 얽힌 설화, 대연평도 당섬
조기의 신이 된 임경업 장군, 충민사
추억이 된 바다의 풍요 길, 조기 파시 탐방로
황금어장을 비추던 등대의 기억, 등대공원
풍파와 싸운 어부의 한, 조난어업자위령비
절경을 타고 흐르는 아픔, 조기역사관
해안절벽 속에 숨은 군사적 대결, 군터널

_____ 옹진군은 분단 이후, 남북으로 분단된 대표적인 군 중 하나다. 남쪽의 옹진군은 저 멀리 백령도에서 시작하여 연평도, 우도까지 북쪽의 황해도 옹진군을 마주하고 있는 남쪽 지역의 섬들을 포함하고 있다. 백령도 앞바다에서는 북쪽의 황해도 장산곶이 보이며, 연평도에서는 북쪽의 옹진군이 훨씬 더 가깝다.

_____ 서해를 경계로 한 남쪽의 해안선은 인천–김포를 거쳐 강화도 해협을 타고 곧장 북쪽으로 올라가다가 한강과 임진강이 만나 바다로 흘러드는 바로 그 지점에서 멈춘다. 김포와 강화도를 경계로 바로 강과 해협 너머가 바로 북쪽의 개풍군이기 때문이다.

_____ 이곳은 정전협정 체결 당시의 서쪽 끝 경계보다 위도상 훨씬 높다. 그렇기에 연평도와 백령도에서 가까운 육지는 남쪽이 아니라 북쪽이다. 연평도만 하더라도 인천항에서는 뱃길로 120km나 떨어져 있으나 북의 옹진군 부포리로부터는 불과 10km, 북의 석도와는 2.8km 거리다.

_____ 연평도는 우리나라 제일의 조기 어장으로 유명한 파시波市가 열리는 곳이자 서해 최대의 어항漁港이 있었던 곳이기도 하다. 역사도 짧지 않다. 연평도에서는 패총과 무문토기·빗살무늬토기 등이 일찍부터 출토되었는데, 선사시대부터 사람들이 살아온 곳임을 알 수 있다.

_____ 또한, 병자호란 때 임경업(1594~1646) 장군과 관련된 설화가 있으며, 면사무소 뒷산에는 장군을 기리는 충민사忠愍祠라는 사당이 있다. 그렇기에 연평도는 남북의 직접적 무력 충돌을 보여주는 상징적인 지역이지만 남북이 공통으로 가진 역사적 기억을 간직한 곳이기도 하다.

산자락의 한적한 어촌 마을,
소연평도항

연평도는 두 개의 섬으로 이루어져 있다. 소연평도는 대연평도보다 훨씬 작은 부속 섬이다. 인천항에서 배를 타고 두 시간 남짓 연평도를 향해 가다 보면 삼각형 형태의 소연평도가 나온다. 그 꼭대기에는 두 개의 철탑이 세워져 있다.

소연평도 선착장으로 들어가는 길에 가장 먼저 배에서 볼 수 있는 것은 소연평도 등대다. 소연평도 동남쪽 끝자락에 외로이 선 등대는 연평도로 들어오는 배들의 밤길을 안전하게 비추어 주었다.

소연평도의 등대가 올라서 있는 곳이 바로 '얼굴 바위'다. 바위는 사람의 옆얼

소연평도

소연평도 선착장   소연평도의 등대

굴을 닮았다. 바위에는 마치 사람의 것처럼 이목구비가 뚜렷하다. 바위 얼굴은 입
을 다문 채 먼바다를 응시하고 있다. 물론 소연평도 내륙에서도 얼굴 바위를 볼
수 있다. 하지만 배 위에서 보는 게 가장 또렷한 얼굴 모습을 하고 있다.

　소연평도를 『세종실록지리지』, 『대동여지도』에서는 '산연평도山延坪島'라 부르
고 있다. 이것은 소연평도의 중심이 해발 214m의 연화봉으로, 산이 섬의 중심부
에 불쑥 솟아오른 삼각형 모양을 하고 있어서 붙인 이름인 것으로 보인다.

　얼굴 바위를 지나면 소연평도 선착장이 나오고 선착장 위로는 옹기종기 모여
있는 집들이 보인다. 열다섯 가구 정도 되어 보이는 소연평도 사람들이 사는 마을
로, 전형적인 어촌 마을이다.

선사시대 삶의 자취,
소연평도 패총

소연평도는 매우 작은 섬이다. 하지만 놀라운 것은 이처럼 작고 육지에서 멀리 떨어져 있는 섬에 사람들이 살기 시작한 것이 신석기시대부터라는 것이다. 이곳에서는 신석기시대의 패총이 두 무더기나 발견되었다. 선착장에서 마을로, 산 중턱을 향해 오르듯 골목길을 따라 올라가면 보건소 옆에 자리한 대피소가 나온다. 이곳은 과거 소연평도 분교가 있었던 곳이다. 소연평도패총小延坪島貝塚은 바로 이 뒤편 밭에서 발견되었다.

조개더미는 15m 정도의 거리를 두고 하나는 북서편에, 다른 하나는 남동쪽에

소연평도 모습

있었던 것으로 알려져 있다. 하지만 지금은 모두 밭이 되었고 패총을 찾아보기 어렵다. 여기서는 서해안의 단일 유적 출토량으로는 가장 많은 4,500여 점의 빗살무늬토기가 각종 어류 뼈들과 함께 출토되었다.

패총은 인류가 수산자원을 적극적으로 이용하기 시작하였음을 알려주는 자료다. 바다에서의 어로와 해안에서의 조개류 채취가 인류의 주요 생계 수단으로 주목받으면서 인류는 더욱 안정적으로 식량자원을 확보할 수 있게 되었다. 패총에서는 조개뿐만 아니라 당시 인간들이 사용했던 도구와 식료로 사용했던 동물이나 물고기 뼈 등의 유기물도 함께 발견되는 경우가 많다. 일반적으로 동물 뼈는 산성이 강한 일반 토양에서는 부식되어 남아 있지 않지만, 패총에서는 조개의 탄산칼슘이 토양을 알칼리성으로 유지해주기 때문에 보존상태가 양호하다.

패총에서 확인되는 인공유물과 자연 유물은 당시의 사회와 자연환경을 복원하는데 중요한 자료가 된다. 식료 종류와 식료를 획득하는 방법, 식료가 생성될 수 있는 자연환경에 관한 다양한 정보를 획득할 수 있다. 아주 오래전 인류의 삶을 알아보기에 귀중한 자료다.

안목 조기에 얽힌 설화,
대연평도 당섬

소연평도 선착장에서 보면 바로 옆에 자귀도가 있고 맞은편에 대연평도가 있다. 소연평도를 떠나 도착한 대연평도 선착장은 '당섬'에 있다. 이곳은 원래 대연평도와 분리된 작은 섬이었다. 하지만 지금은 대연평도까지 870m가량의 방조제를 건설함으로써 육지가 되었다.

서해는 조수간만의 차가 크다. 밀물 때에는 방파제 양쪽으로 가득 차 있던 바

당섬 안목어장 썰물때의 갯벌이 인상적이다.

닷물이 썰물이 되면 모두 빠져나가고 매우 큰 갯벌이 드러난다. 연평도에서의 조기잡이는 바로 이런 조류의 흐름을 이용한다.

갯벌은 육지와 가까운 곳부터 바닷물이 빠져나가는 것이 아니다. 지형상 먼저 빠지는 곳과 나중에 빠지는 곳이 있다. 갯벌에 막대를 세워 고기를 잡는 것은 바로 이런 특징을 이용한 수렵방식이다. 물이 나중에 빠지는 곳을 막대로 둘러쳐서 미처 빠져나가지 못하는 물고기를 잡는 것이다.

임경업 장군이 이곳 사람들에게 알려주었다는 조기잡이 방식이 바로 이와 같다. '당섬'은, '당집', '당골'처럼 이름에서 보듯이 샤머니즘 느낌이 물씬 풍기는 곳이다. 당섬의 남쪽에 있는 안목 어장이 바로 임경업 장군이 처음으로 주민들에게 조기를 잡는 방법을 가르쳐준 곳이다. 그래서 이곳 사람들에게는 이곳을 신성시하며 당섬이라고 불렀다.

조기의 신이 된 임경업 장군, 충민사

연평해전과 연평도 포격 사건 이후, 연평도는 무력 충돌의 상징적 현장이 되었다. 한동안 정부가 NLL을 포기했다느니, 이를 사수해야 한다느니 말들이 많았다. 하지만 이런 주장들은 연평도에 사는 사람들의 삶을 개선하지는 못했다. 파괴된 폐허의 잔해들처럼 그들은 남북의 적대적 환경 속에서 조업을 포기해야 했고, 무력 충돌의 위험 속에서 가슴 졸이며 살아가야 했다.

하지만 과거 연평도는 국내 최대 규모의 조기 어장 중 하나이자 바다 위에서 열리는 시장인 '조기 파시'로도 유명했다. 연평도 사람들에게 조기는 특별하다. 조선 시대 임금에게 진상되었던 조기는 바로 이곳에서 잡힌 안목 조기로, 제일 크

임경업 장군을 모신 충민사

이 공중을 향해 날아올랐고 북쪽을 향해 날다가 떨어진 곳이 바로 현재의 자리라
고 한다. 그러나 연평도의 임경업 장군과 조기잡이 유래는 전설로만 전해지고 있
으며, 구체적인 문헌 기록은 찾기 어렵다.

추억이 된 바다의 풍요 길,
조기 파시 탐방로

지금은 영광 법성포의 영광 굴비가 유명하지만, 과거 연평도 일대 어장은 한양 마포로 직송되는 조기 산지였다. 조기는 한반도 남쪽 흑산도에서 시작하여 영광 굴비로 유명한 법성포를 지나 줄포, 강경 앞바다를 거쳐 이곳 연평 바다를 거쳐 북의 남포까지 올라왔다.

그리고 조기들이 올라오는 길을 따라 각 경유지에는 '칠산 어장', '죽도 어장', '연평도 어장', '대하도 어장'이 형성되었다. 그래서 조기 어장 철에는 조기 파시가 열렸고 돈이 넘쳐났다. 파시는 해상에서 열리는 시장이다. 조기를 잡은 어선들이 모여 해상에서 시장을 열고 거기서 직거래를 했다.

하지만 이런 이야기는 과거가 되었다. 지금 연평도에는 조기가 잡히지 않는다. 무분별한 남획과 수온의 변화가 원인이었다. 세상에 변하지 않는 것이 없다지만, 그래도 연평도 사람들에게 과거 그 시절은 '황금시대'의 기억으로 남아 있는

1967년 연평도 조기파시오 400척(© 옹진군청)

연평도 조기파시(ⓒ 옹진군청)

지도 모른다. 그들에게 '조기 파시'는 거친 바다 풍랑에도 불구하고 평화롭고 풍족했던 시간이었기 때문이다. 이제, 그들은 마을 골목길들을 활용하여 '조시 파시 탐방로'를 만들었다. 거기에는 조기 파시가 열리는 날이면 아낙네들이 물을 길어 조기 배들에게 팔았다는 우물터가 있다.

또한, 조기 파시 탐방로 골목길을 따라 늘어선 담벼락에는 그 당시의 기억을 간직한 사진과 벽화들이 그려져 있다. 이 사진들을 보고 있으면 이곳이 진짜 연평도였을까 싶을 정도다. 몰려든 어선들의 수가 수천 척에 이르기 때문이다. 조기 파시가 열리면 큰돈이 풀렸는데 이 돈의 냄새를 따라 이곳에는 술집과 잡화점들이 즐비하게 늘어섰다.

황금어장을 비추던 등대의 기억,
등대공원

충민사와 조기 파시 탐방로를 따라 연평도의 왼쪽 해안선을 걷다 보면 해안선 절벽 위에 있는 등대를 볼 수 있다. 이곳은 현재 연평도 등대공원이 되었다. 등대로 올라가는 입구에 조성된 공원 입구 왼편에는 "바다에 우뚝 솟은 연평 섬마을"로 시작하는, 과거 황금어장이었던 연평도를 노래하는 '노래 기념비'가 있다.

그리고 오른쪽에는 "조기 담뿍 잡아 기폭을 올리고"로 시작되는 어부들의 애환을 담은 '눈물의 연평도' 노래비가 서 있다. 각가지 조형물들이 있는 등대공원을 지나가면 그 끝에 위로 올라가는 계단이 있다. 계단의 끝자락에 지난날 연평도 앞바다를 비추었던 등대가 있다.

연평도 등대

험한 파도와 싸우며 밤바다에서 조업해야 했던 어부들에게 등대는 길을 밝혀주는 생명과 같은 존재였다. 이곳의 등대 역시 과거 조기 파시가 열리는 연평도의 황금어장에 대한 기억이 깃든 등대다. 연평도의 밤바다가 황금어장으로 북적이던 1960년 3월, 이 등대는 첫 불을 밝히기 시작했다.

등대는 밤마다 이곳의 앞바다를 비추다가 1974년 남북 간의 군사적 긴장이 고조되면서 안전을 위해 불을 껐고, 1987년 4월에는 아예 용도 자체를 폐기했다. 하지만 2018년 '판문점선언', '평양선언' 등 남북 사이의 평화가 조성되면서 2019년 5월 17일 남북의 밤바다를 밝히는 희망의 등대로 다시 태어났다.

풍파와 싸운 어부의 한,
조난어업자위령비

등대공원의 등대 앞에는 바다가 펼쳐지고. 그 오른쪽으로 산자락을 따라 내려가는 오솔길이 조성되어 있다. 그 길에 서면 선명하게 눈에 들어오는 것이 하나 있다. 바로 '조난어업자위령비遭難漁業者慰靈碑'다. 바다는 결코 만만한 곳이 아니다. 평상시에는 고요하다가도 비바람을 만나면 성난 물결이 일어나며 모든 것을 집어삼킨다.

더구나 연평도는 주변에 비바람을 막아 줄 섬들도 없다. 그렇기에 "연평장군님 모셔 싣고/연평바다로 돈실러 가세/에-에헤야"라는 뱃노래 가사가 생겼을 것이다. 뱃노래 가사에서 보듯이 연평바다는 수천 척의 배들이 조기를 잡는 황금어장이었지만, 그것을 얻기 위해서는 목숨을 건 위험을 무릅써야 했다.

바다의 위험은 언제 어디서나 잠복해 있었다. 그리고 그것은 언제나 예고 없이 닥쳐온다. 그것이 현실이 될 때, 위험은 믿기지 않는 악몽으로 바닷사람들을 엄습한다. 1934년 6월 연평항에서 발생한 조난사고는 대참사였다. 6월 1일 폭풍우로 인해 600여 척의 어선들이 연평항으로 피신을 했다. 그러나 6월 3일 새벽 4시경 만조가 되자, 뒤끓는 바다는 태풍에 맹렬한 기세로 파도를 토해냈고, 그 힘을 이기지 못한 어선들이 이리저리 흔들리며 서로 부딪쳐 부서지기 시작했다. 이렇게 파괴된 선박의 수가 323척이었으며, 사상자가 204명에 달했던 것으로 추정하고 있다.

1959년 9월, 한반도를 휩쓸었던 태풍 사라(Sarah)호는 연평항의 비극을 재현했다. 그래서였을까? 「연평도의 눈물」(노래 최숙자, 1964)은 다음과 같이 노래하고 있다.

> "조기를 담뿍 잡아 깃 폭을 올리고 / 온다던 그 배는 어이하여 아니오나 / 수평선 바라보며 그 이름 부르면 / 갈매기도 우는구나. 눈물의 연평도."그러나 이 슬픔을 어찌하리오. 죽고 싶어 죽은 것은 아니지만 살아 남은 사람에게는 떠난 자에 대한 원망을 자아내는 슬픔인 것을. 그래서 연평도 고유의 민속 소리인 「니나나나」도 이렇게 읊조리고 있는 것인지도 모른다.
> "우리가 살았길래 형님 동생하지 / 우리가 죽으면 다 소용없다네 / 서산에 지는해 지고 싶어지나요 / 날 버리고 가신님 가고싶어 갔나요."

절경을 타고 흐르는 아픔,
조기역사관

1934년 세운 '조난어업자위령비'는 맨 처음 연평 어업조합 서쪽 연평 우체국 옆에 있었다. 그 후, 우체국 앞의 서쪽 방파제 기점으로 옮겼다가 주택이 들어서면서 입지가 좁아지자 선착장이 있는 당섬 앞 광장으로 옮길 계획이었다. 그러나 연평도 조기역사관이 건립되면서 이곳으로 옮겨 세웠다.

조기역사관은 조난어업자위령비가 있는 곳에서 아래쪽으로 조금만 내려가면 해안선의 끝자락에 있다. 조기역사관은 2층으로, 네 귀퉁이의 처마가 하늘을 향해 멋들어지게 올라갔다. 그 모양이 파란 하늘과 어울려 조기역사관은 마치 하늘에서 사뿐히 내려앉은 듯한 느낌을 준다.

조기역사관

조기역사관 앞에 서면 갑자기 앞이 탁 트이면서 절벽과 맞닿은 해안선이 바다와 경계를 이루며 펼쳐진 광경을 만들어 낸다. 이곳에는 연평도의 절경을 한눈에 감상할 수 있는 전망대가 있다. 이 전망대에 오르면 '가래칠기해변'과 '병풍바위', 그리고 '구리동해변'으로 이어지는 연평도의 아름다운 해안을 눈에 쉽게 담을 수 있다.

조난어업자위령비에서 본 '눈물의 연평도'가 이곳에서는 하늘과 땅과 바다가 어우러져 온통 하나가 된다. 게다가 눈이 시리게 푸른 바다와 파란 하늘 아래 펼쳐진 천애의 절경은 그것을 보는 사람을 어느 순간 무심의 시간으로 이끈다. 가족을 잃은 연평도 사람들도 이 풍경을 바라보며 어떻게든 무심해지려 노력하고, 또 무심하게도 다시 생을 이어가려 노력하지 않았을까.

해안절벽 속에 숨은 군사적 대결,
군터널

조기역사관에서 나와 왼쪽, 앞으로 튀어나온 해안절벽으로 내려가면 '군 터널 관광시설'이 나온다. 절벽 끝 옆으로 난 산길을 타고 내려가면 마치 참호 병영처럼 생긴 동굴 입구에 이른다. 그 굴을 들어가면 연평도의 자연과 문화를 보여주는 각가지 사진들이 좌우로 전시된, 폭 2m의 계단을 만날 수 있다.

그 계단을 타고 150m를 내려가면 바다가 전면에 펼쳐진, 동굴처럼 구축된 포진지가 나온다. 그곳에는 녹슨 박격포가 자리를 잡고 있다. 그 사이에 있다 보면, 바다로부터 불어오는 시원한 바람이 나를 향해 몰려들며, 이곳이 깎아지른 절벽에 자리하고 있는 '포구砲口'라는 것을 알려준다.

'군 터널'은 연평 해병부대가 판 인공터널로, 북쪽 바다를 향해 포를 겨누고 있었던 포진지까지 이어지는 굴이다. 이 포진지는 연평도 해안가 절벽 중간에 있는 '포진지'로, 적이 쉽게 관측할 수 없도록 감추어진 포구다. 혹여 있을지 모를 적의 침입 때에는 이곳의 화기들이 적의 군함을 향해 집중포화를 쏟아부을 것이다.

아마도 연평도 절경을 만들어 내는 해안선 곳곳의 절벽에는 이와 같은 포진지들이 자리 잡고 있을 것이다. 분단의 적대적 대결이 자연 곳곳에 남긴 상처다.

상처받은 마음을 치유하기 위해 연평도 사람들은 조기역사관을 바닷가 옆 포구가 아니라 이곳 산꼭대기에 세운 것인지도 모른다. 조기역사관 2층에 올라 눈이 시리게 푸른 바다를 본다. 그곳이 바로 1, 2차 연평해전이 일어난 곳이다. 이곳에서 보는 붉은 석양은 분단된 저편, 북쪽으로 진다. 황금어장과 조기에 대한 추억을 간직한 연평도 사람들은 남북의 적대적 대결 장소를 보면서 그 아픔을 평화의 염원으로 바꾸고 싶어 하지는 않을까?

군터널에 만들어진 포진지

임경업 장군

실리외교를 폈던 광해군(1575~1641)을 몰아낸 조선의 사대부는 명과의 의리를 내세우며 청에 맞섰다. 그리고 결국 침략을 당해 '삼전도의 굴욕'을 겪어야 했다. '이괄의 난'을 평정할 정도로 명장이었던 임경업 장군은 오히려 평지풍파 속에서 헤어 나오지 못하는 삶을 살아야 했다.

임경업 장군은 자신의 재능을 제대로 펴지 못했다. 정묘호란丁卯胡亂 때 군사를 이끌고 강화도로 갔으나 이미 화친이 되어 제대로 싸워보지 못했고, 병자호란 때에는 백마산성을 지켰으나 청군이 우회하여 남하했다. 남한산성을 공격하는 청군淸軍의 후미를 노렸으나 중과부적이었다. 그 후 그는 청군의 요청으로 파병되었으나 오히려 명군明軍을 도왔으며, 그런 내통 사건이 드러나면서 반역죄로 붙잡혀 청나라로 압송되는 처지에 놓였다. 하지만 그는 압송 도중 탈출했고, 연평도를 거쳐 명나라로 들어가 투항했다. 이후, 임경업 장군은 명나라를 위해 싸우다가 결국 청에 의해 명이 멸망하면서 붙잡혀 다시 조선으로 압송되었다. 결국, 그의 최후는 조선에서 고문을 받다 죽는 것이었다.

병자호란으로 참화를 겪은 조선 사람의 관점에서 임경업 장군은 영웅이었을 것이다. 하지만 임진왜란 때 파병했던 명나라와의 의리를 위해 당시 동북아의 강자로 떠오른 청에 맞서 싸웠던 그들의 처사가 맞았는지도 따져 볼 문제다.

청은 우리와 같은 역사적 유래를 가진 만주족이었고, 명은 우리와 전혀 다른 한족의 나라였다. 하지만 조선의 사대부는 공맹孔孟의 글을 읽었다. 한족이 중원 밖의 민족들을 '오랑캐'로 몰아세웠듯이 우리 또한, 이를 답습하여 중원 밖 민족들을 오랑캐로 여겼다. 그래서 의리와 명분을 따져 명의 편을 들다가 결국 전란을 겪었고 항복의 수모를 당해야 했다.

임경업 장군은 죽는 날까지 청에 항복하지 않았는데, 그 결과는 매우 아이러니하다. 그는 조선에서 태어나고 자란 조선의 명장이었다. 하지만 그가 죽을 때, 그는 청에 저항한 명나라의 충신으로 죽었다. 개인사로는 이보다 비극적일 수 없다. 그러나 나라를 지키지 못한 조선 조정의 무능으로 온갖 수모를 감내한 백성들에게는 달랐다.

그 시대의 국난을 온몸으로 겪으며 비극적 인물이 된 임경업 장군은 백성들에게 한 줄기 빛과 같은 비극적 영웅이었는지도 모른다. 그렇기에 사람들은 그가 거쳐 간 모든

임경업 장군 초상(© 국립중앙박물관)

곳에 영웅담을 만들어 놓았다. 백성들에게 중요한 것은 권력도, 국가도 아니다. 평범한 일상을 무탈하게 지내는 것이다.

일제강점기 연평도에는 수천 척의 선박과 수만 명의 선원이 이곳에서 풍어제를 지낸 다음, 조기잡이를 나갔다. 하지만 일본의 제국주의자들에게는 조선인이 모이는 것 자체가 두려운 일이었다. 게다가 그곳이 조선을 침략한 청나라에 끝까지 대항했던 임경업 장군의 사당이라면 어떻겠는가? 그들은 이곳에 일본 신사를 짓고자 했다. 그런데 신사 터를 닦던 어느 날, 일본인 책임자의 꿈에 장군이 나타나 원래대로 돌려놓지 않으면 큰 재앙이 닥칠 것이라고 호통을 쳤다. 이에 겁을 먹은 책임자는 원상태로 하고서 마을 원로를 모시고 직접 제사를 올렸다고 한다. 아마도 억압받던 당시 조선 민중의 염원이 만들어 낸 이야기일지도 모른다.

06

연평도 기행 2
연평해전과 포격의 현장,
연평도에서 만나는 평화의 염원들

제1연평해전 전승비 – 연평도 함상공원 – 연평도 평화
공원 – 가래칠기해변 – 병풍바위 – 구리동해수욕장 –
연평도 백로 서식지 – 고 서정우 하사 묘표 – 망향전망
대 – 연평도 안보교육장

제1차 NLL의 충돌, 제1연평해전 전승비
제2차 NLL의 충돌, 연평도 함상공원
기억과 추모의 공간, 연평도 평화공원
연평도 해안선을 따라, 가래칠기·병풍바위·구리동해수
욕장
백로들의 향연장, 연평도 백로 서식지
전쟁의 참상, 고 서정우 하사의 묘표와 망향전망대
평화의 의미를 묻다, 연평도 안보교육장

_____ 한반도의 내륙은 군사분계선을 표시하는 철책선이 동서를 가르며 지나가고 있어서 그 경계가 명료하다. 반면 한반도의 바다에는 눈으로 확인할 수 있는 철책선이 없다. 그렇다고 해서 바다에 남북을 나누는 경계선이 없는 것은 아니다. 바다에도 눈에 보이지 않은 분단선分斷線이 존재한다. 동해와 서해에는 해군 함정이 서로 대치하고 있으며, 레이더가 보이지 않는 남과 북의 바다를 감시하고 있다. 하지만 동해와 서해에서 분단체제의 적대성이 작동하는 방식은 전혀 다르다.

_____ 동해의 분단선에는 복잡하게 얽힌 섬들이 없다. 반면 서해에는 섬들이 남쪽에서 북쪽으로 올라가며 존재한다. 백령도와 연평도는 모두 북위 38도 바로 아래 37도 선에 위치한다. 따라서 이들 섬과 가까운 육지는 38선 이남 지역으로, 한국전쟁 이전까지만 하더라도 남쪽에 속했다. 하지만 정전협정 체결 당시 남쪽은 여전히 이들 섬에 대한 관할권을 가지고 있었던 반면 육지는 북쪽이 장악하고 있었다. 따라서 한반도 서쪽 끝단의 육지 경계선을 그대로 바다에 적용할 수는 없었다. 이들 섬은 육지 경계선보다 북쪽에 위치하기 때문이다.

_____ 그래서 정전협정 체결 당시 이에 대한 논의를 더 정확하게 해야 할 필요가 있었다. 만일 북쪽이 자신들이 장악한 육지 한계선을 그대로 바다에 적용하면, 이들 섬에 가야 하는 남쪽 입장에서는 북쪽과 충돌할 수밖에 없기 때문이다. 그래서 만들어진 것이 서해의 북방한계선(Northern Limit Line, NLL)이다. 하지만 이것은 정전협정 체결 당시 양측이 서로 합의한 해상경계선이 아니라, UN군 측에서 무력 충돌을 예방하기 위해 일방적으로 설정한 경계선이었다는 점에서 애초 한계를 가지고 있었다.

_____ 그래서일까, 이곳은 한반도에서도 가장 첨예한 무력 충돌의 현장이 되었다. 1999년 6월 15일과 2002년 6월 29일 두 차례에 걸쳐 서로의 함선을 향해 포를 발사하는 연평해전延平海戰이 일어났다. 그리고 2010년 11월 23일에는 북이 연평도로, 남이 북의 옹진군으로 직접 포탄을 발사하는 '연평도 포격 사건'으로까지 비화하였다.

제1차 NLL의 충돌,
제1연평해전 전승비

대연평도 선착장은 임경업 장군이 조기 잡는 방법을 가르쳐 주었다는 안목 어장이 있는 당섬에 있다. 당섬은 원래 섬이었다. 그 섬이 이제 방조제로 대연평도 내륙과 연결되었다. 대연평도를 들어가는 입구인 바로 이곳 방조제 끝자락에 '제1연평해전 전승비'가 있다. 제1연평해전 전승비는 1999년 6월 15일 연평도 근해에서 벌어졌던 남쪽 해군과 북쪽 해군 간의 전투에서 아군의 승전을 기념한 것이다. 제1차 연평해전은 남쪽 함정이 북쪽 함정 10척을 14분 만에 격퇴했고, 북쪽이 막대한 피해를 보고 후퇴하면서 남쪽의 완승으로 끝났다.

제1차 연평해전 전승비

공식적으로 합의되지 않은 북방한계선을 둘러싼 남북의 갈등이 고조되면서 직접적인 군사적 무력 충돌로 비화한 첫 사건이 제1차 연평해전이었다. 북은 북방한계선이 국제법상 북의 영토 12해리 이내에 있으므로 북쪽 영해라면서 이들 섬으로 다니는 해로를 제외한 북방한계선을 인정하지 않았다. 반면 남쪽은 한국전쟁 이후, 남북이 관행적으로 북방한계선을 사실상 해상의 실질적인 경계선으로 인정해왔다고 강조했다. 그러면서 북방한계선 이하로 북쪽 어선들의 이동 및 출입을 금지했다. 갈등이 깊어지자 북은 NLL에 대한 불인정 정책을 무력으로 보여주기 위해 1999년 6월 7일부터 9일간 약 11회에 걸쳐 우리 해역을 잇따라 침범했다.

그런데 6월 15일 오전, 북의 경비정 4척이 꽃게잡이 어선 20척과 함께 북방한계선 남쪽 2km 해역까지 내려왔다. 우리 해군은 고속정과 초계함 10여 척을 동원해서 북쪽 선체에 충돌시켜 밀어내는 공격을 감행했다. 양쪽은 뒤엉켜 서로의 힘을 과시했다. 그러다가 북쪽 함정은 25mm 기관포를 발사하며 우리 함정을 공격했다. 우리 해군도 즉시 40mm와 76mm 기관포로 응사했다. 이 공격으로 북쪽의 어뢰정 한 척과 중형 경비정 1척이 침몰했고, 경비정 3척도 크게 파손된 채 퇴각했다. 북이 어느 정도의 인명 피해를 보았는지는 알려지지 않았다. 하지만 북쪽의 완패였던 것은 사실이다. 하지만 이것은 충돌의 끝이 아니라 예고탄에 불과했다.

제2차 NLL의 충돌,
연평도 함상공원

방조제를 따라 당섬에서 내륙으로 들어와 마을 중간에 이르면 해군 함정이 있

다. 바로 '참수리호'다. 이곳은 함
상공원으로, 제2차 연평해전에서
침몰한 참수리 357호정의 모형
을 실물 크기로 만들어 전시하고
있다. 제1, 2차 연평해전의 양상
은 완전히 달랐다. 제1차 연평해
전 당시, 우리 함정은 상호 힘겨
루기로 긴장이 고조된 상태에서
공격에 어느 정도 대비할 수 있
었다. 그렇기에 북쪽 함정들이 수
동으로 화기를 작동해 2차 공격
을 하기 전에 우리 함정들이 자
동화된 시스템으로 매우 빠른 반
격을 가해 북의 함정을 완파할
수 있었다. 하지만 북은 이 패배
를 기억하고 있었고, 제2차 연평
해전에서 기습공격을 감행했다.

야간의 함상공원

함상공원이 된 수리호

　　제2차 연평해전이 있었던
2002년 6월 29일은 역사적인 날이었다. 남쪽 축구팀이 월드컵에서 역사상 처음
으로 4강에 올랐고, 터키 축구팀과 3, 4위 결정전을 벌이고 있을 때였다. 오전 9
시 54분, 지난 1차 해전과 마찬가지로 북측 경비정 2척이 북방한계선을 넘어 서
해 연평도 서쪽 14마일과 7마일 부근에 나타났다. 우리측은 참수리 357, 358호
고속정 2대를 출동시키고 경고 방송을 했다. 그런데 북쪽 경비정이 갑자기 참수
리 357호에 85mm 포를 집중적으로 발사했고, 순식간에 참수리 357호정이 불에

타며 침몰했다. 25분간 벌어진 교전으로, 북 경비정 1척도 화염이 휩싸인 채 퇴각했다. 교전은 10시 56분 종료되었다. 하지만 이 교전으로 우리쪽에서는 6명이 죽고 19명이 다치는 등 피해가 컸다.

기억과 추모의 공간,
연평도 평화공원

제2차 연평해전 이후, 우리 해군은 경고 방송 없이 사격할 수 있도록 교전수칙을 바꾸었다. 기습에 대응하기 위한 적절한 조치였다. 하지만 이것으로 남북의 직접적인 물리적 충돌의 가능성은 더욱 커졌다.

연평도에서 제1, 2차 연평해전의 장소를 직접 볼 수 있는 곳이 있다. 바로 조기역사관 2층이다. 이곳에는 조기역사관 이외에도 '등대공원'과 '평화공원'이 있다. 이곳에 평화공원을 조성한 이유는, 조기역사관 2층에서 내려다보이는 곳이 바로 제1, 2차 연평해전의 장소이기 때문이다. 이곳에 가기 위해서는 연평도 마

평화공원추모비

을 중심지 바다 쪽에 있는 '함상공원'에서 방향을 반대로 바꾸어 바닷가 해안 길을 따라 북쪽으로 올라가야 한다.

연평도 평화공원은 '추모의 길'과 '염원의 마당'이라는 두 가지 테마로 구성되어 있다. '추모의 길'에는 제2차 연평해전과 연평 포격 사건 당시 사망한 병사들 각각의 얼굴을 조각한 '추모의 벽'이 있다. 그 아래쪽으로는 '연평도 포격전 전사자 위령탑'이 있다. '염원의 마당'에는 '연평해전 추모비'가 있다. 연평해전 추모비는, 제2차 연평해전에서 죽거나 다친 25명을 기리기 위해 '용의 치아' 모양을 한 조형물 25개를 만든 것이다. 그중 6개는 6명의 전사자들로, 두랄루민 재료를 사용하여 영원히 변하지 않는 빛으로 추모하였다. 그리고 나머지 19개는 코르텐 강판을 사용하여 오래될수록 색이 짙어지도록 했다.

연평도 해안선을 따라,
가래칠기·병풍바위·구리동해수욕장

평화공원 입구를 들어서면 양쪽으로 헬기와 전차, 장갑차 등이 진열되어 있고 공원의 한 가운데에는 피라미드 형태로 하늘을 향해 선 25개의 조형물인 '연평해전 추모비'가 있다. 이곳을 지나 안쪽으로 들어가면 오른쪽으로 '추모의 벽'이, 왼쪽으로는 제1, 2차 연평해전에 관한 상세한 설명 석판이 있다. 또한, 그 아래로 내려가면 '연평 포격전 전사자 위령탑'이 있고 그 아래 가래칠기해변으로 내려가면 산길이 있다. 평화공원에서 왼쪽으로는 조기역사관이 보이고 오른쪽으로는 연평도가 자랑하는 아름다운 해변인 '가래칠기해변'과 '구리동해변'이 있다.

그 광경을 보고 있노라면 너무나 평화로워서 이곳에서 서로의 목숨을 앗아가는 포격과 전투가 벌어졌다는 것이 믿기지 않는다. 남북의 해군 함정들이 불을 뿜

가래칠기해변

병풍바위

으며 교전을 하는 동안, 사람들은 생사의 갈림길에 서 있었다. 그리고 그들 중 누군가는 이 아름다운 해변을 다시 볼 수 없는 길로 떠났다. 푸른 하늘이 너무 푸르러 아름답지만, 그것이 우리를 더욱 슬프게 했다. 이곳에서 내려다보는 풍광은 지중해의 풍경처럼 매우 이국적이어서, 우리들의 슬픔은 더욱 짙을 수밖에 없었다.

　이곳의 풍광이 이국적인 것은 해안가를 따라 쭉 늘어선 절벽 앞쪽으로 갑자기 뛰어나온 바위가 매우 이색적이기 때문이기도 하다. 사람들은 네모난 병풍 조각처럼 생긴 바위들이 일렬로 겹쳐지면서 바다를 향해 나간 것이 마치 늘어선 병풍처럼 보인다고 하여 '병풍바위'라고 부른다. 병풍바위 앞쪽 해변이 바로 '가래칠기해변'이다. 이곳을 덮고 있는 굵고 둥근 자갈 중에는 '오석烏石'이라고 불리는 돌들

구리동해수욕장의 몽돌들

낙조가 내리는 구리동해수욕장

이 있다. 오석은 '까마귀 오烏'자를 쓰고 있는 데에서 보듯이 흑요암黑曜巖이라 부르는 검은색 보석류에 속하는 돌이다. 이들 자갈은 바다에 의해 부서지고 세월에 깎인 오석들이다.

가래칠기해변을 지나 병풍바위 너머 북쪽으로 올라가면 구리동해수욕장이 있다. 여기의 돌들은 가래칠기해변의 돌들보다 작다. 썰물 때 바닷물을 뒤집어썼다가 드러나는 돌들은 빛이 날 정도로 검다. 아마도 바닷물이 검은빛을 더욱 검게 했기 때문일 것이다. 구리동해수욕장은 천혜의 자연 해수욕장으로 특히 낙조落照로 유명하다. 무엇보다 저 멀리 북녘해안으로 내려앉는 석양 노을이 단연 압권이다. 게다가 철조망 사이로 저무는 붉은 노을은 어디에서도 좀처럼 볼 수 없어서 더욱 이채롭다. 적막한 고요 속에 지는 붉은 노을은, 철조망으로 상징되는 한반도 분단과 함께 심연의 깊은 '한恨의 선율'을 빚어낸다.

백로들의 향연장,
연평도 백로 서식지

구리동해수욕장에서 연평도 서북쪽 해안가 절벽을 향해 가다 보면 서부리라는 곳이 나온다. 서부리에는 천연기념물 백로白鷺의 서식지가 있다. 연평도에서는 멀리서도 백로를 볼 수 있도록 망원경을 갖춘 전망대를 만들어 놓았다. 전망대에서 서쪽 바다 아래를 보면, 우거진 산이 저 멀리 해안가까지 이어지고 있다. 그리고 마치 하얀 눈송이들이 내려앉은 것처럼 수백 마리의 백로들이 바닷가 소나무 숲에 앉아 있는 것을 볼 수 있다. 이들 백로는 날이 따뜻해지는 4월 말~5월 초쯤 이곳을 찾아와 늦가을까지 머물다 떠난다.

연평도 백로서식지

우아한 백로의 날갯짓이 푸른 연평도의 앞바다와 어울려 평화롭기 그지없다. 백로들에게 이곳은 인간의 간섭이나 침범이 없는 안전한 서식지일 것이다. 하지만 백로가 누리는 이 평온함이 연평도의 모습 전부는 아니다. 연평도 평화공원이 보여주듯이 이곳은 분단 이후 남북의 직접적인 군사 충돌이 있었던 곳이자, 많은 사람이 실제로 그 충돌 속에서 목숨을 잃었던 아픈 역사를 간직한 곳이다. 남북의 군사적 대치 상황은 언제든지 직접적인 군사 충돌로 이

망원경으로 본 백로 서식지

어질 수 있다. 제1, 2차 연평해전으로 고조되었던 충돌의 정점에서 2010년 연평도 포격 사건이 일어났다.

전쟁의 참상,
고 서정우 하사의 모표와 망향전망대

백로 서식지에서 빠져나와 동부리에 있는 망향전망대로 가기 위해 연평도 내륙을 지나다 보면 '고 서정우 하사의 모표'와 '피폭의 흔적', '민간인 희생자 추모비'를 잇따라 만날 수 있다. '고 서정우 하사의 모표'라는 소나무 아래 푯말이 있고, 나무 중간에 동그란 뚜껑처럼 생긴 투명 플라스틱이 박혀 있다. 나무에 박

고 서정우하사 묘표가 박힌 소나무

힌 모표를 보존하기 위한 것이다. 2010년 11월 23일 15시 12분에 북은 이곳에 2차 포격을 가했다. 연평부대 중화기중대 서정우 하사는 긴급 상황에 휴가를 포기하고 복귀하던 중 이곳을 지나가다 포탄에 쓰러졌다. 그리고 그의 모표는 날아가 소나무 중턱에 박혔다.

연평도망향비

또한, 그 자리에서 조금 더 내려오면 '주민의 아픔 피폭의 흔적'이라는 제목 아래에 조그만 푯말이 길가에 서 있다. 북의 포탄이 떨어진 곳이다. 여기서 다시 700m를 더 가면 도로 우측에 그 당시 포격으로 목숨을 잃은 2명의 민간인을 기리는 '연평도피격민간인사망자 추모비'가 있다. 남과 북이 중무장한 채 서로 대립했지만, 최악의 사태를 피하고자 상대 지역을 타격하는 위험한 일은 서로 피했다. 하지만 연평도 포격 사건은 상대 지역에 직접 포격한 사건으로, 암묵적으로 공유했던 금기의 선을 넘어선 것이다.

'연평도피격민간인사망자 추모비'를 지나 연평도의 동부리 해안가 끝으로 오면 북쪽의 황해도 옹진군 부포리를 비롯하여 해주시 시멘트공장에서 내뿜는 연기까지 직접 눈으로 바라볼 수 있는 '망향전망대'가 있다. '망향'은, 말 그대로 고향을 그리워하는 마음을 담고 있다. 남쪽으로 내려온 사람들은 북녘땅이 보이는 이곳에서 고향에 대한 그리움을 달랬다. 그들은 언젠가는 반드시 찾아갈 고향을 그리워하고, 두고 온 친지와 친구들에 대한 그리움을 달래며 통일의 그 날을

염원했는지도 모른다. 망향비 하단에는 다음처럼 망향가가 새겨져 있다.

> "어매 뜨거운 심정(心情)이 살아 / 모성(母性)의 피 되어 가슴 절절 흐르
> 네! / 어매여, 시골 울엄매여! / 어매 잠든 고향 땅을 / 내 늘그막엔 밟아
> 볼라요!"
> 얼마나 가슴 절절한 외침인가? 이곳에서 얼마나 많은 사람이 그리움에
> 사무친 한(恨)을 달랬을까?

평화의 의미를 묻다,
연평도 안보교육장

연평도에서 태어난 시인 기형도(1960~1989)는 '나의 영혼은 검은 페이지가
대부분'이라고 노래했다. 환멸의 시대, 도저히 소통될 수 없는 것들 속에 갇힌 실
존은, 빠져나올 수 없는 부조리 속에서 고독과 죽음을 탐닉하며 출구를 찾았는지
모른다. 그를 에워싸고 있던 어둠과 혼란은 '아침저녁으로 샛강(江)에 자욱이 안개
가 낀다. / 안개는 그 읍(邑)의 명물(名物)이다. / 누구나 조금씩은 안개의 주식(株式)을
가지고 있다.'라고 읊었던, 바로 그 안개인지도 모른다.

'안개'는 곳곳에 있다. 여러 가지 현실적인 이유로 인해 진실에 대한 직시를 회
피하고자 하는 우리의 비겁함이 '안개'를 만든다. '안개'를 악용해서 시야를 흐리
는 것이 권력이다. 권력자들은 우리의 비겁함을 이용해 현실의 부조리를 적에 대
한 복수심으로 바꿔 놓는다. 한반도의 분단체제 또한 분단이라는 우리의 상처를
상대에 대한 적개심, 보복 감정으로 바꿔 놓는다. 분단의 적대성은 서로를 파괴하
고 갉아먹는 증오의 문법이다. 이 문법에서 보자면, 복수는 복수를 낳는 악순환으
로 이어진다.

연평도 포격잔해

복수의 악순환을 보여주는 것이 바로 이곳 서해5도에서 NLL을 둘러싸고 발생한 남북의 군사적 충돌이다. 충돌과 파괴를 멈추게 할 수 있는 것은 '평화'다. 제1, 2차 연평해전에도 불구하고 2000년 6·15 남북공동성명과 2007년 10·4선언으로 남북관계는 평화 무드를 탔고, 이곳도 한동안 평화로웠다. 하지만 2008년부터 남북관계는 다시 급속히 냉각되었다. 그러다가 2010년 3월 26일 이곳에서 한미연합훈련 중이었던 천안함이 침몰하는 사건이 일어났다. 우리측은 북쪽의 어뢰공격을 주장했고, 북쪽은 자신들과 무관하다고 주장했다. 서로 믿지 못하는 상황에서 주장이 엇갈렸고 남북의 감정적 대결은 극을 치달았다.

한미연합훈련 중이었던 2010년 11월 23일, 북은 곡사포로 연평도 내륙을 직접 포격했다. 이는 1953년 7월 휴전협정 이래 민간인 지역을 공격한 첫 사례다. 북의 포격으로 민간인 2명과 해병대원 2명이 목숨을 잃었고, 주택 20여 채가 파괴되었다. 정부는 그 당시 포격에 파괴된 집들의 잔해를 그대로 보존해서 안보교육장을 만들었다. 피폭 건물 보존구역에서는 지붕이 무너지고 벽이 파괴된 민가를 만날 수 있다. 이것들은 우리의 평온한 일상이 분단의 적대적 대결 조장에 의해 얼마나 쉽게 파괴될 수 있는가를 몸으로 느끼게 한다.

당시 남북의 포격상황을 분과 초 단위로 각색한 3D 상영관은 무력 충돌이 얼마나 순식간에 일어날 수 있는지를 보여주고 있다. 사람들은 일상의 평온함에 익숙해 있어서 평화의 소중함을 구체적으로 실감하지 못할 수 있다. 하지만 평화라는 것은 있을 때 지켜야 한다. 남북은 아직 전쟁 중이다. 이런 상황에서 평화는 너무나 손쉽게 무너져 내릴 수 있는 것이다. 평화는 남이냐 북이냐, 양자택일의 문제가 아니다. 그것은 연평도 포격 현장이 보여주듯이 한반도에 사는 사람들의 생명과 재산을 한순간에 앗아갈 수 있는 생존의 문제다.

그런데도 사람들은 이런 문제를 놓고도 도박을 한다. '설마 포를 쏘겠어'하는 생각으로 상호 대립을 극단으로 몰고 갈 때, 비합리적인 치킨게임은 시작된다. 한미연합훈련 개시일인 2010년 11월 23일이 되자 북은 아침 8시 20분에 '조선민주주의인민공화국측 영해에 대한 포 사격이 이루어질 경우, 즉각적인 물리적 조치를 경고한다'라는 통지문을 발송했다. 우리측 국방부는 이를 거절했다. 연평도 주둔 해병대는 10시 15분부터 14시 24분까지 4시간 동안 사격훈련을 했다. 설마 북에서 직접 대응 포격이야 하겠는가라는 생각이 있었을지도 모른다. 하지만 설마가 사람 잡는다고 전쟁은 그렇게 일어난다.

훈련이 종료된 10분 후 14시 34분, 갑자기 북의 개머리 해안 부근 해안포 기지에서 연평도 군부대와 민가를 향한 집중 포격이 이루어졌다. 이에 13분 후인 14시 47분, 남쪽의 K9 자주포들이 북측의 무도 포진지와 개머리 포진지를 향해 불을 뿜었다. 더불어 KF-16 4대와 F-15K 4대가 출격했다. 북의 해안포 기지의 입구들도 개방되었다. 전면전으로 비화할 수도 있는 상황이었다. 하지만 다행히도 15시 41분, 북쪽의 공격은 다시는 진행되지 않았다. 그렇게 연평도 포격 사건은 종료되었다. 하지만 그로 인해 건물이 파괴되고 사람들이 죽거나 다쳤다. 전쟁은 그것이 어떤 것이었든 파국적이다.

그렇기에 평화는 있을 때 지켜야 한다. '안보(security)'는 단순히 국가 안보만을 의미하지 않는다. 안전보장의 준말인 '안보'는 국민의 생명과 재산을 보호하는 것이 근본적인 목적이다. 국가 안보 또한 이를 위해 필요한 것이다. 그렇기에 안보의 핵심은 '인간안보'에 있다. 오늘날 UN도 '인간안보'를 중심으로 '안보'에 대한 개념을 재규정하고 있다. 하지만 제1, 2차 연평해전과 연평도 포격 사건으로 이어지는 안보는 '국가 안보'를 중심으로 하고 있다. 만일 우리가 '인간안보'를 생각한다면, 전쟁이 일어난 이후 국가의 강력한 무력을 보여주는 방식이 아니라 사전에 전쟁을 방지하고 예방하는 차원으로 '안보' 개념을 전환해야 한다.

안보의 핵심은 '평화' 그 자체. 평화를 유지하는 데 필요한 것은 '국방력'만이 아니다. 오늘날 점점 더 중요해지는 것은 정치적인 협상과 외교 전략이다. UN이 제출한 '인간안보'의 개념에서도 핵심은 '군사력'이 아니라 국제적 조약체결 및 상호 협의에 따른 '평화의 구축'임을 놓쳐서는 안 된다. 그렇기에 진정한 인간안보를 위해서는 남북이 정치적 협상을 통해 '평화'를 항구할 수 있는 길을 찾는 것이 훨씬 중요하다.

서해5도와 NLL

'서해5도'라는 표현이 있다. 바로 '백령도, 대청도, 소청도, 연평도, 우도'를 가리키는 말이다. 하지만 이 명칭은 지리적으로 기묘한 성격을 지닌다. '백령도, 대청도, 소청도, 연평도'는 분단 이전 황해도에 소속될 정도로 최전방에 있다. 반면, '우도'는 인천광역시 소속의 섬이자 이들보다 훨씬 남쪽에 위치한다.

그 이전 1945년 해방과 함께 38선이 그어지면서 38선 이북 지역의 황해도 옹진군과 달리 이남의 옹진군은 경기도에 편입되었다. 이후 서해5도로 묶이게 된 것은 정전협정 체결 당시 착오의 결과다. 1953년 7월 27일, 한국전쟁이 끝나면서 「정전협정」 제13항 ㄴ목에 '첨부한 지도 제3도'가 우도와 인근 섬을 황해도로 잘못 표시함으로써 서해5도에 포함되었기 때문이다.

인천시 옹진군의 많은 부분이 북쪽 땅이 되고, 남쪽 땅으로 남은 곳은 백령면(백령도·대청도·소청도)과 송림면 연평리(연평도)뿐이었다. 따라서 흔히 사람들이 말하는 서해5도를 포함한 인천시 옹진군은 원래의 황해도 옹진군이 아니라 분단과 전쟁이 만들어낸 인천시 옹진군인 셈이다. 이에 어떤 이들은 '우도'를 서해5도에서 빼고 대신에 NLL에 가까운 '소연평도'를 넣기도 한다.

「정전협정」 제2조 제13항 ㄴ목에서는 '백령도, 대청도, 소청도, 연평도, 우도 서해5도'를 UN사 군사 통제하에, '기타 섬들은 조선인민군 총사령관과 중국인민지원군' 군사 통제하에 두는 것으로 규정하고 있다. 그런데 정전협정 당시 양쪽은 육상 군사분계선에 대해 합의만 했을 뿐 해상 군사분계선에 대한 합의는 진행하지 못했다. 그래서 임시방편적인 관행으로, 서로를 용인하는 수준에서 애매하게 남겨놓았다. 따라서 해상 군사분계선에 대한 논의는 「정전협정」 부칙 제61항에 따라 '적대 쌍방 사령관들의 호상 합의를 거쳐야' 하는 문제로, 양측 중 어느 한쪽이 문제를 제기하면 쟁점이 될 수밖에 없는 문제로 남게 되었다.

1991년 남북 두 정상은 「남북기본합의서」에서 '남과 북의 해상 불가침경계선은 앞으로 계속 협의한다. 해상 불가침구역은 해상 불가침경계선이 확정될 때까지 쌍방이 지금까지 담당해 온 구역으로 한다'라고 서로 합의함으로써 해결의 실마리를 찾는 듯 보였다. 하지만 남북관계의 실질적 온도에 따라서 갈등의 시발점 혹은 중심에 놓일 수밖에 없었고, 그곳에서 삶을 영위하고 있는 서해5도의 주민들도 갈등에 따른 불안과 함께 살아가고 있다. 즉 연평도를 포함한 서해5도가 위치한 이곳은 분단체제의 적대성을 여과 없이 드러내는 '최전선'이자, 삶과 죽음의 맞붙어 있는 경계의 공간인 셈이다.

07

백령도 해안의 천연기념물
무진장한 세월 동안
기암괴석에 새겨진 파도와 바람의 대화

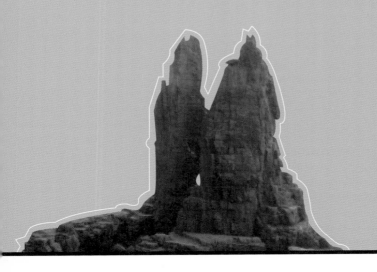

사곶해변 – 콩돌해변 – 용트림바위 – 남포리 습곡구조 – 두무진 – 물범 서식지 – 감람암포획 현무암분포지

백령도, 흰 두루미가 알려준 섬

사곶해변, 세계 최대 규모의 천연활주로

콩돌해변, 동글동글 콩돌의 노랫소리

용트림바위와 남포리 습곡구조, 자연의 선물

두무진, 신이 빚어 선물한 해안 풍광의 절정

물범 서식지, 두무진 유람 끝에 만난 점박이물범

감람암포획 현무암분포지, 지구의 속살

백령도,
흰 두루미가 알려준 섬

인천항에서도 백령도白翎島로 가는 길은 늘 쉽지 않다. 인천항에서 북서쪽으로 약 178km 떨어진 대한민국 서해 최북단 섬인 백령도는 쾌속 여객선 뱃길로 4시간이 걸린다. 그런데 서울시청에서 백령도까지 201km, 평양과의 직선거리는 149km이니 생각보다는 그리 먼 곳은 아니다. 백령도에서 황해도 옹진반도의 장연군長淵郡과는 직선거리로 10km, 황해도 끝의 돌출지점인 장산곶에서는 14km가 채 되지 않는다. 섬에서 가장 높은 봉우리가 해발 184m인 백령도는 대한민국에서 여덟 번째로 큰 섬이다. 행정구역상으로 인천광역시 옹진군 백령면에 속하는 이 섬엔 2021년 9월 기준 2,947가구, 5,035명의 인구가 거주한다.

그런데 이 멋진 풍경의 섬에 처음 들어와 살기 시작한 사람들은 아무래도 가장 가까운 육지인 황해도 장연군의 이주민으로 알려져 있다. 고구려 시대에 붙여진 섬의 원래 이름은 '곡도鵠島', 즉 따오기 섬으로 알려져 있다. 이후 고려 시대부터 사용한 흰 백白과 깃 령翎을 쓰는 '백령도' 지명에는 두 가지 이야기가 전해진다. 먼저 섬의 모양이 따오기가 흰 날개를 펼치고 하늘을 나는 모습처럼 보인다 해서 백령도라 불렀다는 설이 있다. 두 번째는 황해도 남녀의 '사랑과 도피' 이야기에서 유래한 설화다.

황해도 어느 마을에 사는 한 선비는 고을 수령의 딸과 서로 사랑하는 사이였다. 장래를 약속한 둘은 혼인을 허락해 달라고 요청했지만, 선비를 못마땅하게 생각한 사또는 그것을 거부했다. 하지만 서로를 잊을 수 없었던 둘은 몰래 만남을 이어 갔다. 이를 아버지에게 들킨 딸은 바다 건너 외딴 섬에 유배되었고, 사모하는 여인을 생각하며 시름시름 앓던 선비는 어느 날 꿈에서 백학白鶴, 즉 흰 두루미의 말을 듣게 된다. "그 여인을 보려거든 여기로 찾아가세요." 백학이 건네준 쪽지에 적혀 있던 섬을 찾아간 선비는 그녀와 감격스러운 재회를 하게 된다. 누구도 간섭하지 않는 그 섬에서 둘은 오래도록 행복하게 살았다. 훗날 사람들은 그 섬을 백학이 알려준 섬이라는 뜻에서 '백학도白鶴島'라 불렸고, 이것이 흰 두루미의 깃을 의미하는 백령도로 이름이 바뀌었다는 것이다.

지질학적 유래로 살펴보자면 백령도는 화산섬인 제주도나 울릉도와 달리, 해저 지형이 높이 융기해 형성되었다. '백령·대청국가지질공원'으로 설정된 섬 곳곳에서 바다 아래에서 솟아오른 퇴적암층이나 단층을 흔히 볼 수 있는 것은 그 때문이다. 물론 파도와 비바람은 융기한 땅속 지층을 그냥 내버려 두지 않았다. 쉼 없이 해안으로 몰아치는 파도와 변화무쌍한 비바람은 해안절벽의 바위를 기묘하게 조각하고, 모래사장의 자갈들은 동그랗게 깎아냈다. 무려 10억 년 동안 파도의 침식 작용과 풍화 작용으로 인해 해식애海蝕崖, 즉 해안에 만들어진 낭떠러지와 절벽이 생겨났다. 기암괴석으로 둘러쳐진 백령도 해안은 변화무쌍하며 그 자체로 최고의 볼거리를 제공한다. 백령도의 자랑인 해안 절경은 인간의 감각으로는 체감되지 않는 무진장한 세월 동안 반복되며 자연과 인간이 함께 만들어 가는 미완성의 합작품이 아닐까.

이처럼 백령도는 섬 전체가 '지질학 교실'로서 억겁의 시간이 간직한 흥미로운 비밀들을 품고 있다. 특히 백령도의 해안은 10억 년의 지질 변화 과정이 응축된 지층이 쉼 없는 바다의 움직임과 바람으로 서로 다르지만, 조화를 이루며 조각된 바위 예술품 전시장이다. 이런 백령도의 해안에 산재한 천연기념물은 다섯 곳에 이른다.

사곶해변,
세계 최대 규모의 천연활주로

용기포 선착장에서 가까운 섬 동쪽의 '사곶해변'은 한국전쟁 당시에 천연활주로로 사용되었을 만큼 해안의 모래가 아스팔트처럼 단단하게 응축된 곳이다. 사곶해변은 부드럽게 부서지면서도 바닷물이 빠진 후엔 단단하게 압축되는 규조토硅藻土, 즉 규암이 부서진 모래가 두툼하게 쌓여 형성되었다. 세계적으로 이런 규조토로만 구성된 해변은 이탈리아 나폴리 해변과 함께 단 두 곳밖에 없는데 규모로는 백령도가 가장 크다. 이런 특징을 반영해 사곶해변은 한국전쟁 당시 전쟁 물자를 실어 나르는 활주로로 활용되었으며, 전쟁이 끝난 뒤에도 소형 전투기나 군용 수송기가 정기적으로 뜨고 내려앉았다. 썰물 때는 모래 지반이 200m 폭으로

사곶해변에 펼쳐진 넓고 단단한 모래층

2.5km 이상 뻗어있었기 때문이다.

하지만 오늘날 사곶해변은 1990년대 초반에 이루어진 섬 간척사업의 영향과 섬 내부에서 흘러나오는 담수의 증가로 점차 모래 밀도가 줄어서 활주로 기능은 상실했다. 물론 지금도 비상시에는 경비행기의 활주로로 사용할 수 있지만, 해변 전체가 천연기념물 제391호로 지정된 '사곶 사빈沙濱', 즉 파랑 작용으로 모래가 퇴적되어 만들어지는 모래 해변을 현재 수준에서라도 유지하는 것이 시급한 과제로 떠올랐다. 촉촉하게 물기를 머금고 있으면서도 눌러보면 단단한 사곶해변을 차량으로 달리면 포장도로와 큰 차이를 느끼지 못한다. 자전거를 타거나 걸어다녀도 모래가 많이 튀지 않고 흙이 거의 달라붙지 않는다. 이처럼 독특한 풍경을 자랑하는 백령도의 드넓은 해변을 걸으며 섬 간척사업의 빛과 어둠을 함께 생각하게 된다. 갯벌을 흙으로 메꾸어 얻은 4km²의 땅과 담수호의 용수, 그리고 고유한 모습을 잃어버린 다른 많은 것들을 함께 견주어 볼 필요가 있기 때문이다.

그런데 규조토로 침식되고 부서지기 전의 암석 상태인 규암硅巖은 백령도 해안 전체에 걸쳐 다양한 모습으로 변화하며 방문객들을 맞이한다. 잠시 후 소개할 '두무진'의 거친 기암괴석과 '콩돌해변'의 동그란 자갈의 주요 암석도 모두 규암이다. 이는 마치 같은 암석이 여러 지질 시대를 거치며 해안 조건에 따라 어떻게 변천하는지를 다양한 형태로 전시하고 체험하게 하는 것처럼 보인다.

콩돌해변,
동글동글 콩돌의 노랫소리

'콩돌해변'은 그 이름처럼 콩알만 한 자갈들이 바닷가에 넓게 깔린 해변으로 천연기념물 제392호로 보호되고 있다. 콩돌해변은 폭 30m에 길이가 약 800m에

이른다. 콩돌해변의 콩돌은 파도가 드나들 때마다 투명한 구슬들이 서로 부딪치는 듯 경쾌한 소리를 내며 둥글게 마모된다.

백령도의 기반암인 규암이 부서졌다가 끊임없이 닳으며 만들어지는 각양각색의 자갈인 콩돌은 피부염에 특효가 있다고 알려졌다. 자갈이 달궈진 여름엔 콩돌을 몸에 올려 찜질을 할 수 있다. 크기도 다양해서 완두콩만 한 것에서 주먹만 한 것까지, 흰색, 회색, 흑색, 갈색, 청색 콩돌들은 서로를 둥글게 갈아낸다. 맨발로 해안을 거닐면 파도에 일렁이는 콩돌이 발바닥을 간지럽힌다. 어디 하나 모난 곳

콩돌해변의 자갈들

이 없으니 콩돌은 발바닥을 찌르지 않고 꾹꾹 눌러주기만 한다. 그런데 콩돌해변에서 해수욕할 때 주의할 점이 두 가지 있다.

물이 빠진 간조干潮에 보면 해안에서 조금 떨어진 바닥에 웅덩이처럼 움푹 파인 곳이 곳곳에 보이는데, 이곳은 물이 차오르면 바닷물이 갑자기 깊어지는 곳이라 안전사고에 대비해야 한다. 또한 천연기념물인 콩돌해변에서 매끄럽고 빛깔 예쁜 돌을 외부로 가져가는 것은 금지되어 있다. 콩돌은 조상들이 우리에게 물려주었듯이 우리 세대가 후손들과 함께 향유해야 하는 것이기 때문이다.

용트림바위와 남포리 습곡구조,
자연의 선물

섬의 남쪽 장촌 포구 근처, 해안절벽 아래에 뾰족 솟아오른 바위는 마치 용이 승천하는 모습처럼 보여서 '용트림바위'로 불린다. 바위 주변에 파도가 하얀 물거품을 일으키며 휘돌아 나가고, 수시로 피어오르는 옅은 물안개는 정말 작은 용 한 마리가 금방이라도 솟아오를 것 같은 분위기를 자아낸다. 특히 하늘을 향해 뻗어가는 용머리 밑으로 나선형으로 비비 꼬아지며 감기는 꼬리 형상은 역동적인 느

용트림바위

낌을 더 한다. 또한 이 바위 주변은 가마우지와 갈매기의 서식지여서 바람을 가르는 새들은 용트림바위 풍경 사진의 감초 역할을 한다.

지질학 용어로 용트림바위 같은 형상은 '시스택(sea stack)'으로 불린다. 시스택은 파도의 침식과 풍화 작용을 받아 평평하게 깎여진 해안침식지인 파식대가, 파도의 차별 침식을 받아 단단한 암석 부분만 가늘게 솟아 굴뚝처럼 남아 있는 것이다. 용트림바위 뒤편에는 주차장이 넓게 마련되어 있다. 낭떠러지를 따라 설치된 데크 탐방로를 따라 시원한 바닷바람을 맞으며 걷노라면, 서로 같은 형상이라곤 하나도 없지만 서로 조화를 이루는 남쪽 해안의 바위들이 만들어내는 절경에 흠뻑 젖어들 수 있다.

천연기념물 제507호 '남포리 습곡구조'는 용트림바위와 바로 연결되는 평평

남포리 습곡구조

한 해안절벽에 노출된 굽은 지층을 가리킨다. 장구한 지질 시대의 변화를 한 장의 그림처럼 요약하여 증언하는 이 습곡구조는 고생대 말에서 중생대 초의 지각변동으로 형성되었다. 지각에 작용하는 횡압_{橫壓}, 즉 옆에서 가운데 방향으로 작용하는 압력으로 지층이 크게 주름져 있는 습곡은 수억 년의 지층 변화를 일괄적으로 보여주기 때문에 지질학적 가치가 매우 높은 자연유산이다.

한반도 지각 발달사를 잘 보여주는 이곳의 규모는 높이 약 50m, 길이 약 80m다. 전망대 옆으로 보이는 절벽의 단면에서 족히 수억 년 동안 층층이 쌓인 지층이 크게 휘고 구부러져 있는 습곡구조를 선명하게 관찰할 수 있다. 원래 이곳은 지질학 전공자들의 현장답사 장소로 유명한 곳이었는데, 주변이 정비되면서 백령도에서 지질자원을 체험하는 어린이들뿐만 아니라 용트림바위를 찾는 단체 관광객들도 함께 무진장한 세월 동안 이어진 '대지의 시간'을 체험하는 장소가 되었다.

두무진,
신이 빚어 선물한 해안 풍광의 절정

백령도 서북단의 명승 제8호 '두무진_{頭武津}'은 대한민국 최서단 지점으로 우리나라에서 그 어디와도 비교할 수 없는 해안 절경을 자랑하는 곳이다. 하늘로 쭉쭉 뻗은 거대한 바위 군집은 마치 투구를 쓴 용맹한 장군들이 머리를 맞대고 회의를 하는 것처럼 보인다고 해서 두무진이라 불렸다. 두무진에는 오랫동안 파도에 깎인 해안절벽 앞으로 수직의 거석들이 늘어서 있다. 비슷한 모양도 찾을 수 없는 다채로운 바위 모양은 금강산의 '만물상'에 비견되어, '서해의 해금강'으로 불린다. 그래서 두무진에는 '코끼리바위', '형제바위', '촛대바위' 등 따로 이름이 붙은 바위들이 여럿 있다.

두무진

백령도에 유배된 조선 중기의 문신 이대기는 「백령지」에서 두무진을 돌아본 후, "바위틈의 돌구멍들이 선명하고도 맑게 빛나 깊고도 기괴함이 가히 형용할 수 없다. 참으로 조물주가 노련한 솜씨로 조화를 부린 것을 감추지 못한 곳"이라고 기록했다. 특히 그는 '선대바위'를 "늙은 신의 마지막 작품"이라고 표현했다. 쏟아지는 아침 햇살과 두무진의 독특한 바위들을 만나면 그야말로 어설픈 형용으론 묘사할 수 없는 풍광을 자랑한다.

이런 두무진에는 해안 산책로와 유람선을 타고 보는 두 가지 감상법이 있다. 먼저 두무진 포구에서 왼쪽 산책로를 걸어가면 거대한 절벽이 이어지다가 다시 바다에서 바위가 불쑥 솟아오르는 것 같다. 소인국小人國에서 온 작은 인간이 바다를 향해 호령하는 우람한 장군들 사이로 숨어 들어가는 느낌을 받는다. 탐방객

해안에서 바라본 두무진 풍경

들은 아찔한 수직의 암벽과 해식동굴 위에 설치된 데크와 계단을 오가며 감탄사
를 연이어 쏟아낸다. 거대한 바위를 올려다보면, 하얗게 흩날리는 종이 가루처럼
보이는 갈매기나 다른 바닷새들도 두무진을 어슬렁거리며 날고 있다. 북쪽을 바
라보는 두무진 전망대에선 희뿌옇게 저 멀리 장산곶이 눈에 들어오는 듯하다. 그
옆에 '통일기원비'도 북쪽을 애처로이 쳐다보고 있다.

  이어서 오른 두무진 유람선의 난간에는 갈매기들이 먼저 자리를 차지하고 있
다. 주민들은 두무진의 참모습은 날씨가 좋은 날 바다에서 볼 때 드러난다고 입을
모은다. 물론 파도가 거친 날엔 유람선이 예고 없이 출항하지 않으니 미리 알아
볼 필요가 있다. 작은 포구에서 출발한 배는 두무진 앞바다를 천천히 이동하며 바
위들을 탐색한다. 웅장한 바위들이 둥글게 모인 곳은 '선대바위'인데, 가마우지의

두무진의 기암괴석들

두무진 절벽에서 바라보는
수억 년 시간의 흔적

배설물이 쌓여 하얗게 보인다. 물고기를 물고 해안절벽 바위틈에 착지하려던 가마우지는 새끼들의 크게 벌린 입에 먹이를 넣어주고 다시 날아간다.

두무진을 따라 해안을 이동하면 수억 년의 세월이 누적된 지층과 기묘한 바위가 지루할 틈을 주지 않고 눈앞에 육박해온다. 마음대로 이름을 붙여보던 중 유명한 바위들이 사람들의 시선을 끈다. 매끈한 자태로 서 있는 '촛대바위', 서로 닮은 한 쌍의 '형제바위', 바다로 달려 나가는 듯한 '말바위'가 차례로 나타난다. 그리고 '코끼리바위', '병풍바위', '죽순바위', '부처바위'가 거대한 위용을 자랑한다. 불가해한 무제無題의 작품들이 전시된 자연의 미술 전시장은 인간의 눈으로 잘 포착되지 않기에, 우리는 익숙한 사물의 이름을 붙여가며 자연의 뜻을 비로소 헤아려본다. 4㎞에 걸친 해안 절경을 돌아본 두무진 유람선은 '부엉이바위'와 '잠수함바위'에서 끝난다. 이윽고 유람선은 '천안함위령비'가 올려다보이는 두무진 끝자락에 잠시 머물다 뱃머리를 돌려 출발지로 돌아간다.

물범 서식지,
두무진 유람 끝에 만난 점박이물범

백령도 서북쪽 진촌리 해안에는 국내 유일의 물범 서식지가 있다. 백령도에서 두무진 유람선을 타고 나가면 '물개바위'에서 휴식하고 있는 점박이물범을 볼 수 있다. 육지에서는 해안 철책선 너머로 바위에서 휴식을 취하는 점박이물범의 생태를 오랫동안 관찰할 수 있다. 천연기념물 제331호로 지정되어 보호받고 있는 점박이물범의 등에는 은회색 바탕에 타원형 점무늬가 있으며, 배 부분은 밝은 회색을 띠며 얼룩무늬가 작다. 평균 몸길이는 1.4m~1.7m이며 성체는 평균 체중 90kg, 최대 130kg까지 성장한다.

수명이 약 30년 전후로 알려진 점박이물범의 주요 서식지는 북태평양 보퍼트 해에서 오호츠크 해이 이르는 긴 대륙붕 지역이며, 백령도 인근에서는 최대 300여 마리가 3월부터 11월까지 관찰된다. 이들에게 바다 위에 얕게 솟아오른 바위는 최고의 휴식처다. 이런 습성은 추운 바다에서 떠다니는 얼음인 유빙에서 출산

해변 철책을 따라 걸을 수 있는 점박이물범길

백령도 물범(ⓒ 옹진군청)

하고 육아를 하는 물범류의 생태에 적합하다고 한다. 현재 점박이물범은 멸종 위기 야생동물 2급으로 지정되어 더 많은 관심과 보호가 필요하다.

감람암포획 현무암분포지,
지구의 속살

섬을 한 바퀴 돌아 다시 돌아온 용기포 여객터미널 북쪽, 백령도의 유명 관광지 '심청각'이 자리한 진촌리에는 '하늬해변'으로 불리는 곳이 있다. 해안에 늘어선 큰 바위들 사이로 군사방어 시설인 '용치'가 다소 을씨년스럽게 모래에 박혀 있다. 용치는 용의 이빨이라는 뜻을 가진 날카로운 쇠꼬챙이이다. 해변을 따라 걷다 보면 천연기념물 제393호로 지정된 희귀한 지질 자원인 '감람암포획 현무암 분포지'를 만날 수 있다. 이곳은 백령도 여행에서 잘 알려진 장소도 아니고 사람을 압도하는 볼거리가 있는 곳이 아니지만, 천연기념물로 지정된 희귀한 지질 유산을 주제로 섬을 탐방하려면 꼭 둘러봐야 할 곳이다.

황금색 감람암이 현무암 사이에 굳어 있다.
(ⓒ 문화재청)

하늬해변 주변의 현무암층은 진촌리를 중심으로 약 4km²의 넓이, 10m의 두께를 가진 단일 지층으로 구성된다. 특히 여기선 지표면을 흐르던 용암에 지하 수십 km에 있던 감람암이 포함되어 있다가 지표면에 올라온 후, 현무암과 함께 급히 식은 암석이 곳곳에서 발견된다. 구멍이 숭숭 뚫린 검은 현무암 사이로 녹색이나 노란색 빛을 띠는 광물질이 결정을 이루고 있는데, 이것이 바로 지질학자들이 말하는 감람암류다. 감람암류가 이런 형태로 현무암과 함께 굳어진 형태는 세계적으로 드물다고 한다.

특별한 지질 자원과 천연기념물이지만 주변 풍경은 무심하고 소박하다. 하늬해변엔 채취 가능한 해산물이 풍부하다. 널려 있는 다시마와 파래 사이로 작은 굴이 뒤덮은 바위가 군집을 이루고, 바위 사이의 작은 웅덩이에선 소라와 해삼도 서식한다. 이처럼 백령도의 지질 명소들은 거의 모든 섬 생명이 살아가는 보금자리이자 주민들 및 군인들의 생활권과 연결되어 있다. 거친 파도와 궂은 날씨가 몰아치는 백령도의 해안은 섬 안쪽에서 살아가는 사람들도 넉넉히 품는다.

해안 철책 너머로 바라본 감람암포획 현무암분포지

　　백령도의 해안 풍경은 영겁의 세월 동안 쉼 없이 계속된 파도가 기암괴석에 새긴 흔적이다. 그런데 그 풍경이 아름다운 것은 그 안에 백령도의 자연생태와 인간의 생활문화가 함께 숨 쉬고 있기 때문이다. 우주 공간에서 다이아몬드 원석으로만 이루어진 거대한 행성을 우리가 본다고 해서 찬란한 감동과 아름다움을 느낄 수 있을까. 형용 불가능할 것 같은 두무진의 바위들을 보며 사람들이 불러낸 이름은 누구나 아는 동물이나 가장 익숙한 생활 속 사물이었다. 이런 점에서 백령도 지질 탐방로는 자연의 일부인 인간이 뭇 생명과 함께 호흡하며 지구의 과거와 현재를 넘나들며 미래를 희망하는 길이기도 하다.

여름 콩돌해변의 찜질 체험

백령도 남포동 오금포 해안의 콩돌해변에
는 유리구슬보다 더 풍부한 색상과 질감
을 자랑하는 콩알 크기의 자갈, 혹은 아직
콩알만큼 작아지지 않은 조약돌 크기의
둥그스름한 몽돌이 길이 800m, 폭 30m
의 해변에 깔려있다. 백령도 주민들이 '콩돌'로 부르는 이 자갈은 백령도 지질의
대부분 차지하는 규암岩(quartzite)이 부서지고 파도에 침식되어 만들어진 가볍고
아기자기한 돌무더기다. 둥글둥글한 자갈의 표면은 매끄럽고 다양한 무늬를 관찰
하는 재미도 선사한다. 콩돌은 백색, 갈색, 회색, 적갈색, 청회색 등 다양해서 우
리가 아는 색상의 이름이 실상 많지 않다는 점을 떠올리게 만든다.

　1997년 12월 30일 천연기념물 제392호로 지정된 콩돌해변에서 방문객들의
감각을 먼저 자극하는 것은 파도에 의해 끊임없이 서로 부딪히며 굴러가는 콩돌
특유의 경쾌한 자갈 소리다. 여름에만 특별히 맛볼 수 있는 체험으로는 햇빛에 달
궈진 콩돌에 누워 피로를 푸는 자갈 찜질이 있다. 각종 피부염 치료에 좋은 효과
를 본다고 한다. 그러나 해안 경사가 급히 낮아지고 움푹 파인 곳이 산재해 있어
콩돌해변에서의 해수욕은 각별한 주의가 필요하다.

　그러나 최근 들어 콩돌해변의 원형이 파괴되어 이곳을 아끼는 많은 사람이 안타까
워한다. 완만했던 해변도 곳곳이 침식되고 콩돌은 파도에 대량으로 유실되어 큰 몽돌과
모래만 남은 곳도 눈에 띈다. 삭막해진 콩돌해변에선 군부대 해안초소와 경계 철조망만
이 도드라져 보인다. 콩돌의 유실을 막기 위한 뚜렷한 대책 마련이 시급한 실정이다.

08

백령도 평화여행
인천에서 보면 서해 끝섬,
장산곶에서 보면 아랫마을

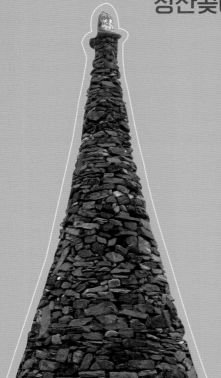

백령국토끝섬전망대, 남한 최북단 섬의 풍경
백령성당, 한반도로 드나드는 서양 선교사들의 관문
심청각, 인당수에 몸을 던진 청이의 이야기
천안함위령탑, 꺼지지 않는 불꽃처럼 기억할 넋
중화동교회, 두 번째 교회에 담긴 기독교 역사
통일염원탑, 백령도를 떠나며 되새기는 염원

백령국토끝섬전망대,
남한 최북단 섬의 풍경

인천항 연안여객터미널에서 4시간의 항해 끝에 여객선은 백령도 용기포항 선착장 인근에 닿는다. 이곳 해안으로 돌출된 하늬해변 아래 언덕은 '백령국토끝섬전망대' 또는 '용기원산 전망공원'으로 불린다. 백령도 주변의 바다를 360°로 바라볼 수 있는 이곳은 2013년 6월에 문을 열었다.

백령국토끝섬전망대에서 바라본 북쪽 해안

백령도의 모습이 시원스레 내려다보이는데 날씨가 맑으면 북쪽의 '장산곶', '월내도', '몽금포'가 손에 잡힐 듯 보인다고 한다. 백령도 해안 지형을 재현한 전시물과 방문객들이 빼곡히 붙이고 간 평화통일에 대한 염원 메시지가 눈길을 끈다. 하지만 이곳의 주요 전시물은 날씨에 따라

전망대에 전시된,
오래 전 중화동 해변에서 노는 아이들의 사진

시시각각 변하는 시원한 바다 풍경 자체다. 그리고 그 풍경에 얹어서 꼭 들어야 할 이야기는 지역 해설사 선생님이 전해주는 실향민들의 아픔이다. 백령도도 강화도 옆의 교동도처럼 황해도가 고향인 전쟁 피난민들의 애환이 가득한 곳이다. 배를 타고 쉽게 오갈 수 있는 고향을 눈앞에 두고도 평생 돌아갈 수 없었던 그리

전망대에서 바라본 백령도 해안 풍경

움을 어찌 말로 표현하랴.

　그런데 서해 최북단 전망대인 이곳에서 남북 사이에 단절된 뱃길과 연평도 포격 당시 사용된 북의 포탄에만 주목한다면, 이 섬이 가진 공간적 가능성의 절반도 보지 못할 것 같다. 언젠가 도래할 평화 시대에 백령도 주변 바다 위에 넓게 펼쳐질 수많은 배의 불빛들을 상상해보자. 북쪽으로 고정된 망원경을 넘어 시야를 사방으로 열고 장산곶에서 대청도로 이어지는 지도 위의 선을 그려보자. 그래서 옹진군청 홈페이지의 백령도에 대한 소개말인 "최북단에 홀로 떠 있는 바다의 종착역"이란 표현은 이 섬의 미래에 대한 설명으론 불충분하다. 미래의 백령도는 분단 시대를 상징하는 국토의 '끝섬'에만 머물러 있을 수 없다. 분단 이전에 아주 오랫동안 그러했듯이 이 섬은 서해에서 평화 한반도로 드나드는 '첫 섬'일 수 있기 때문이다.

백령성당,
한반도로 드나드는 서양 선교사들의 관문

항구에서 주거 지역으로 들어가다 보면 소담스러운 백령성당을 만날 수 있다. 백령도가 포함된 서북해안 지방은 중국을 거쳐 한반도에 전래한 초기 기독교 선교 역사의 현장이자 천주교 신앙의 관문이 되었던 지역이다. 역사적 기록으로 명확하게 남아 있지는 않지만, 구전에 따르면 1816년 기독교 최초의 한문 성경은 영국해군의 함선 알캐스터(Alcester)와 리라(Lyra)를 타고 온 사람들에 의해 백령도에 전해졌다고 한다. 1832년에는 한반도를 처음 방문한 선교사인 키슬라프 목사, 1865년에는 기독교 최초의 순교자인 토마스 선교사가 두문진을 통해 상륙했다.

조선인 최초의 사제인 김대건(1821~1846) 신부는 1846년 5월 백령도에서 선

마을 가운데 놓인 소박한 백령성당의 풍경

김대건 신부의 발자취가 담긴 백령성당

교 활동을 하다 순위도巡威島에서 관헌에 체포되었다. 김대건 신부가 백령도로 왔
던 일의 배경에는 많은 사제와 신도들의 순교와 육로를 통한 조선 입국이 막힌
1839년 '기해박해己亥迫害'가 있었다. 페레올(J. B. Ferréol, 1808~1853) 주교의 지
시를 받은 그는 중국에 와 있는 파리외방전교회 소속 선교사들을 위해 서해를 통
한 입국로를 알아보려고 했다. 사제 서품을 받은 지 1년도 채 되지 않은 김대건
신부는 중국 어선에 서한을 전달한 후, 한양으로 압송되어 갖은 문초를 당하고 9
월 새남터에서 처형되었다. 천주교 교회사에 따르면 1795년~1880년 사이에 백
령도를 통해 입국한 선교사는 13명, 입국에 실패한 선교사는 6명이다. 백령도와
인연을 맺은 사제 중 사후 교황청에서 '성인聖人'으로 추앙받은 선교사는 7명이나
된다.

이런 박해와 순교로 점철된 포교의 역사를 기억하며 1959년에 설립된 백령성
당에는 김대건 신부의 유해 일부가 봉안되어 있으며, 이곳은 한국 천주교회의 역
사가 깃든 성지聖地로 꼽힌다. 그런데 마을 중앙에 단층의 흰색 건물로 소박하게

자리 잡은 백령성당 주위에는 성당과 마을을 가르는 울타리가 없다. 주민들에게 그늘을 만들어주는 큰 나무, 뒤집힌 큰 항아리에 적힌 기도문과 그림, 아담한 김대건 신부의 동상, 마을 주변에서 모은 돌로 만들어진 소담스러운 축대벽이 한 장의 그림처럼 어우러져 있을 뿐이다. 하얀 성모상이 세워진 성당 마당의 풍경은 성당 밖 마을 길과 거의 구별되지 않는다. 이 땅에 처음 상륙했을 이방의 종교가 가난하고 서러운 사람들에게 주었던 위안과 평화도 이처럼 자연스럽고 정겨운 것이었을까. 굳이 성호聖號를 긋고 기도하지 않아도, 신앙이 없는 사람에게도 마을과 어우러지는 이 성당은 마음의 여유와 평화로움을 느끼게 한다.

심청각,
인당수에 몸을 던진 청이의 이야기

성당 인근 해변엔 백령도의 대표적인 관광지인 심청각이 자리잡고 있다. 「심청전」의 무대가 백령도 일대라는 사실은 잘 알려지지 않았다. 소설에서 심청이 자란 마을로 묘사되는 '중화동'은 심청이 타고 있는 연꽃이 파도에 밀려왔다는 오늘날 '연화리'에 해당한다. 백령도의 '연꽃바위(연봉바위)'라는 지명도 심청이 되살아난 자리에서 피어난 연꽃이 바다에서 육지로 밀려와 번성하기 시작했다는 설정에서 유래했다. 지금도 섬 곳곳의 습지에는 연꽃이 군락을 이루어 자란다. '뺑덕어멈'이 살았던 '장촌'도 그 이웃 동네에 있다.

그런데 구전문학인 심청 이야기에 등장하는 황해도와 백령도는 원래 하나의 생활문화권이었다. 백령도에서 약 10km 떨어져 있는 황해도 장산곶은 옛 어부들이 수시로 오가던 하나의 어장漁場이었다. 「심청전」의 주인공 심청이 태어난 황해도 황주黃州는 현재 사리원沙里院으로 불리는 북녘땅이다. 황해도와 백령도 사이는 전쟁 이후 금단禁斷의 바다가 되었다. 격전지가 아니었던 이 바다를 전쟁 이후에도 습관적으로 오갔던 어부들은 간첩으로 몰려 심한 고초를 겪기도 했다.

'심봉사'의 딸 심청과 관련해 사람들에게 가장 많은 상상력을 불러일으키는 곳은 무엇보다 '인당수'다. 심청이 아버지의 눈을 뜨게 하려고 공양미供養米 300석에 중국 상인들에게 스스로 팔려 갔다가, 바다 가운데 몸을 던졌다는 인당수는 어디인가. 구전에선 백령도에서 가장 유명한 해변 풍경인 서북쪽의 '두무진'과 북쪽 '장산곶' 사이의 거친 바다 어딘가로 그려진다.

심청각 관광지의 건물은 인당수에 빠졌던 심청을 기억하기 위해 섬의 동북쪽 해안절벽에 세워진 정자 형태로 2층 위에 기와지붕을 얹었다. 심청각은 '연봉바위'가 보이는 자리에 세워졌다고 하는데, 실제로 연봉바위로 불리는 곳은 백령도 남쪽 끝에 있으며 심청각은 백령면사무소 인근에 있다. 심청이 연꽃으로 환생했다는 전설이 내려오는 연봉바위는 손을 모아 하늘을 바라보고 있는 것 같은 45°로 기울어진 바위다. 이 바위에는 심청이 용궁에 가서 타고 올라온 연꽃이 조류에 밀리다 바위에 걸려 만들어졌다는 전설이 깃들어 있다.

심청 동상이 애처로워 보이는 심청각의 야경(ⓒ 옹진군청)

심청각 앞마당에는 인당수에 몸을 던지기 직전 뱃머리에서 치맛자락을 움켜쥐고 뒤를 돌아보는 심청의 모습이 동상으로 세워져 있다. 오늘날 캄캄한 바다를 내려다보는 심청의 애달픈 마음에는 실향민들의 상실감과 그리움도 포개져 있다. 익숙한 이야기에 남북분단과 전쟁의 역사가 더해져 동상으로 재현된 심청의 시선을 따라가 본다. 아스라이 보일 듯 말 듯 황해도 땅에 두고 온 고향집과 앞 못 보는 아버지는 바로 실향민들이 죽기 전에 한 번이라도 보고 싶어 한 고향과 가족이기도 하다.

심청각 전시장에는 「심청전」을 시각적으로 형상화한 전시물과 다양한 장르로 변주된 심청 이야기, 그리고 백령도에 전해져 내려오는 다른 설화 등이 소개되어 있다. 아름다운 섬의 풍경과 어울리는 뱃사공 청년과 하늘과 땅을 오가는 선녀의

인당수에 몸을 던지는 심청을 표현한 디오라마

이루어질 수 없는 사랑 이야기는 언제 들어도 아련하다. 전망대 역할을 하는 2층에는 인천광역시 옹진군과 '서해5도', 백령도와 인근 바다, 북쪽 주민의 생활 등이 전시되어 있다.

그럴더라도 이곳 백령도는 육군을 제외하고 해군·공군·해병대 군인들을 모두 만날 수 있는 곳이다. 이곳은 전쟁 이후 DMZ와 달리 아무런 가림막이 없는 바다에서 남북 최접경 지역이 되었다. 남쪽 서해 최북단 섬 백령도 주민의 삶에는 분단의 산물인 'NLL(북방한계선)'이 주는 긴장감과 애환이 일상적으로 서려 있다.

심청각 주변에서 바다를 한참 보고 내려오는 길에 상념에 빠진다. 전통적 인문 가치인 충효사상이나 권선징악을 넘어 심청의 이야기가 오늘날의 사람들에게 깊은 울림을 줄 수 있는 보편적 가치는 무엇일까. 편견 없는 마음, 분별심 없는 사랑 같은 표현은 너무 추상적일 것 같다. 무엇보다 지극한 효심과 헌신적 사랑을 보여준 심청은 가난하지만, 생명력 넘친 백성의 딸이다. 심청의 이름에는 고통스러운 상황에서도 꿋꿋하고 끈질기게 힘든 세월을 견디게 만드는 민초의 희망이 담겨 있다.

그런데 심청을 기억하는 심청각 진입로에는 해병대의 퇴역 전차·장갑차·대포가 전시되어 있다. 곧 불을 뿜을 듯한 위압적인 포구는 북쪽을 향해 있다. 평화와 정의를 갈망하는 시대 분위기와 역행하는 심청각의 기념물은 하나 더 있다. "여기 오지 않고 너의 애타는 사랑을 말하지 말라"며 일갈하는 한 시인의 시비 〈백령도에 와서〉는 2015년 5월에 세워졌다. 한때 노벨문학상 한국 작가 후보로 자주 이름이 오르내리던 이 시인은 불과 3년도 지나지 않아 사람들의 손가락질을 받는 존재가 되었다. 흔해 빠진 조국애가 아니라 누구를 향한, 무엇에 대한 사랑인지를 물어야 하는 시대다. 한반도나 문단이나 상대를 존중하지 않는 힘 센 자가 부르는 평화나 사랑 타령은 얼마나 의심스러운 것인가.

천안함위령탑,
꺼지지 않는 불꽃처럼 기억할 넋

다시 차를 몰아 섬 북쪽 해안 도로를 가로질러 간다. '천안함위령탑'은 2010년 3월 26일 밤 백령도 서북쪽 해상에서 침몰한 해군 초계함 '천안함'의 희생자들을 기리는 추모 시설이다. 위령탑은 2011년 3월 해병여단 사령부가 인접한 북포리 해안절벽에 건립되었다. 이곳은 사건 당시 초병이 물기둥을 관측했다고 증언한 지점이자 사건 발생 현장과 가장 가까운 곳이다. 주탑은 화강암으로 만들어진 세 개의 삼각뿔이 8.7m의 높이로

천안함위령탑

위령탑에는 46용사의 얼굴이 부조로 새겨져 있다.

서로 기대어 있는 형태다. 영해, 영토, 국민을 상징하는 세 개의 기둥은 위에서 모여 더 큰 삼각뿔을 이룬다. 주탑 중앙에 있는 보조탑에는 천안함 침몰 사건에서 산화한 승조원 '46용사'의 얼굴들이 양각 부조로 새겨져 있다. 보조탑의 좌우에는 해군참모총장의 비문과 이근배 시인의 시가 음각되어 추모의 마음을 전한다. 주탑 아래엔 '영원히 꺼지지 않는 불꽃'이 계속 타오르고 있다. 국방의 의무를 수행하다가 희생된 장병들의 출생연도를 보니 안타까움이 배가 되어 몰려온다.

백령도 서쪽 끝의 이 언덕에는 언제나 해풍이 시원하게 밀려오고 햇살이 가득 내리쬔다. 위령탑 뒤편 벤치에 앉으니 바다 풍경과 파도 소리에 모든 감각을 빼앗긴다. 위령탑이 등 뒤에 있다는 것을 잠시 잊을 만큼 아름다운 풍경이다. 당시 정부가 공식 발표한 이 사건의 요지는 NLL을 수호하던 천안함이 북쪽 잠수함의 어뢰 공격으로 폭침한 것이다. 물론 이 사건의 실체적 진실에 대한 재조사 요구가 지금도 있다. 하지만 세월이 흘러 무엇이 새롭게 밝혀지든, 죽은 그들이 다시 살아 올 수는 없다는 점에는 변함이 없다.

가스가 공급되어 늘 타오르는 '결코 꺼지지 않을 불꽃'은 그들의 호국정신을 대변하고 있지만, 그 사건과 관련해 살아남은 자들이 들려줄 말을 모아 '밝혀야 할 다른 진실이 있다'라고 주장하는 사람들도 있다. 그 '진실'이 무엇이든 '그날' 일어난 '사실'엔 변함이 없다. 푸른 대양을 가르며 앞으로 나아가는 해군을 꿈꾸었던 그들의 넋이 조금이라도 위로받길 바라며 위령탑이 세워진 언덕을 내려온다.

위령탑 가운데에는
'꺼지지 않는 불꽃'이 타오르고 있다.

천안함 침몰을 비롯한 일련의 군사적 충돌과 남북간 교전으로 '서해5도'는 뉴스 화면에서도 극도의 긴장감이 전해지던 곳이었다. 선명하게 보이는 철책선을 사이에 두고 마주 선 육지의 DMZ와 달리 바다 위 보이지 않는 선을 사이에 두고 남북은 좁은 해역에서 신경을 곤두세우기 일쑤였다. 백령도에 쉽게 다가갈 수 없었던 이유는, 배를 타고 가야 하는 물리적 거리보다 심리적으로 느끼는 불안감이 더 큰 장애물로 작용했기 때문일 것이다. 하지만 2018년 판문점에서 시작해 한반도 전체로 퍼진 평화의 훈풍과 함께 백령도를 찾는 사람들은 약 25% 정도 늘었다고 한다. 군사시설과 함께 섬 전체에 오랫동안 쌓인 냉랭한 적대감은 평화의 바람과 함께 찾아온 사람들의 발걸음과 더불어 곳곳에 새로운 창을 만들고 있다. 그 창들을 통해 백령도를 여행하는 새로운 방법들이 더 많이 육지로 전해질 것이다.

중화동교회,
두 번째 교회에 담긴 기독교 역사

1896년 백령도 서남쪽에 세워진 '중화동교회'는 1885년 서울의 새문안교회 다음으로 설립된 우리나라의 두 번째 장로교회로 알려져 있다. '중화'라는 지명은 백령도가 예부터 중국까지 이어지는 뱃길의 중간 기착지여서 수시로 중국 배들이 드나들면서 정착된 이름이다. 이처럼 한반도 중부의 해상 관문 역할을 할 수 있는 지정학적 위치로 인해 백령도는 변방에 있는 섬이긴 했지만, 고립된 땅이 결코 아니었다. 새로운 문물에 개방적이었던 백령도의 문화는 지금도 이곳의 열 개가 넘는 교회와 높은 기독교 신자 비율에 그대로 남아 있다.

단층의 소박한 교회 건물 옆에 건립된 '백령기독교역사관'에는 초기 중화동 교회와 한국 기독교 100년 역사에 관한 자료가 깔끔하게 전시되어 있다. 서북 지역의 초기 선교 문화를 담은 디오라마(3차원의 실물 또는 축소 모형)도 인상적이다. 이런 이유에서 이곳은 한반도의 토착적인 근대 교회사를 돌아볼 수 있는 뜻깊은 의

중화동교회에 있는 백령기독교역사관

미 공간이다. 또한, 백령도를 이색적인 관광지 정도로 알고 찾았던 이들에게 뜻밖의 공부 기회와 감동을 주는 곳이기도 하다. 역사관 앞에는 오랫동안 교회 종탑에 매달려 있었을 낡은 종이 이제는 바닥에 앉아 휴식을 취하고 있다. 평일 오후에 찾은, 120년이 넘은 작은 교회 예배당 안에는 고요한 정적만이 감돈다. 그 고요의 공간에는 나무와 사람이 함께 만들어낸 오래된 냄새가 조용히 내려앉고 있었다.

교회 아래에는 우리나라 최고⦁최대의 무궁화나무로 알려진 '연화리 무궁화'가 원래

천연기념물이었다가 고사하고,
후계목으로 다시 부활하게 된 '연화리 무궁화'의 예전 모습

비탈에 서 있었다. 지난 2011년 천연기념물 제521호로 지정되었던 연화리 무궁화는 추정 수령은 약 100년으로 높이 6.3m, 둘레 1.23m이며 여러 방향으로 가지를 뻗은 한 그루의 거대한 무궁화였다. 이 무궁화는 도시 길가에 심어져 바람에 흔들리는 연약한 무궁화에 대한 기존 인식을 바꿔 주기에 충분했다. 특히 이 나무는 토착종인 '홍단심계'의 순수한 원형을 보존하고 있어 학술적으로도 그 가치를 인정받았다. 100년 가까이 굳건히 같은 자리에서 섬의 역사를 묵묵히 지켜본 무궁화 나무에는 가지마다 고즈넉하고 고풍스러운 멋이 깃들어 있었다. 그러

나 2012년 태풍 '볼라벤'으로 인해 뿌리가 훼손되었고, 2018년 태풍 '솔릭'의 강풍으로 가지가 부러졌다. 나무를 소생시키기 위해 노력했지만 결국 2019년 무궁화는 고사하고 말았다.

이후 문화재청 천연기념물센터와 옹진군청은 이 희귀한 무궁화라는 상징성과 생태적 가치를 고려하여 이 나무를 원형 그대로 보존 처리하기로 결정했다. 또한 산림청 국립산림과학원은 섬 다른 곳에서 DNA가 일치하는 후계목을 찾아 원래의 자리에서 명맥을 이어가기로 했다. 신기하게도 연화리 무궁화의 유전자 조합과 100% 일치하는 개체는 중화동교회 근처에서 자생한 무궁화가 아니라, 섬의 다른 곳에서 채취된 무궁화로 0.084%에 불과한 확률로 우연히 발견되었다고 한다. 아마도 이 후계목은 천연기념물이 고사하기 전에 꺾꽂이를 통해 증식된 것으로 추정된다. 고려 시대부터 기록이 등장할 만큼 이 땅의 사람들과 함께 살아온 무궁화는 일제강점기부터 민족혼이 깃든 꽃으로 불렸다. 하지만 무궁화는 관습적인 '나라꽃'으로 여겨질 뿐 법령에 따라 국화國花로 지정되지는 않았다고 한다. 나무 옆 계단을 내려가며 바다를 바라보니 마침 하늘 전체를 붉게 물들이는 낙조가 내려앉고 있었다. 더 내려가고 싶지 않아 그냥 그 자리에 앉아서 한참 바다를 바라보게 된다.

통일염원탑,
백령도를 떠나며 되새기는 염원

백령도를 떠나기 위해 다시 용기포항으로 돌아간다. 휴가를 떠나는 군인들의 설레는 표정과 다음 기회를 약속하는 낚시꾼들의 아쉬워하는 표정 사이로 한 쌍의 '통일염원탑'이 눈에 들어온다. 두무진頭武津 해변 산책로에도 북쪽을 바라보

는 '통일기원비'가 서 있지만, 투박한 이 탑은 주민들이 직접 돌을 쌓아 만들었다는 점에서 의미가 있다. 평화통일을 염원하는 마음, 섬 주위 모든 생명이 화합하길 바라는 마음, 그리고 주민들이 간직한 저마다의 소원을 돌 하나하나에 담아 정성스레 쌓았다고 한다. 둥그런 탑 주위를 몇 번 돌며 섬 주위의 바다 사진을 다시 찍으니, 떠날 때 올라오는 섭섭한 마음이 좀 달래진다.

백령도는 더는 외로운 '끝섬', '군사기지'가 된 섬, '서해5도 마지막 번지수'로만 불릴 수 없으리라. 백령도가 품고 있는 다채로운 매력을 제대로 느끼려면 계획

— 용기포항 옆에 있는 통일염원비(© 옹진군청)

된 코스를 짧은 시간에 버스로 이동하는 단체관광으론 불충분할 것 같다. 해안의 웅장한 기암괴석과 곳곳에 펼쳐진 지질 유산이 빚어내는 이국적 풍경, 심청의 고운 숨결이 배어있는 설화의 공간, 고향을 눈앞에 두고도 갈 수 없는 실향민의 아픔이 전해지는 섬, 이들은 다채로운 모습을 보여준다.

　　400년 동안 소금을 만들고 있는 염전의 섬, 갯벌과 바다, 그리고 농경지와 담수호가 도로 하나를 사이에 둔 섬, '장산곶매' 이야기의 전설을 되새기며 평화와 통일을 준비하는 섬, 젓갈이 들어간 황해도식 냉면처럼 간소하고 소박한 맛이 있는 섬, 물범 천연서식지처럼 생명력 넘치는 바다가 사람들을 맞이하는 섬, 통일 이후 중국과의 사이에서 전략적 요충지가 될 미래의 섬, 요동치는 배에서 멀미의 고통을 느끼지만, 또다시 가고 싶은 섬…. 이처럼 백령도는 자신을 찾아온 길손들에게 풍운조화하는 바다 날씨처럼 역동적인 이야기를 들려줄 것이다. 그것은 '평화로움'의 언어가 될 것이다.

백령도 순례길

2019년 천주교 인천교구는 백령도 성당을 '순교 신심 순례지巡禮地'로 선포했다. 천주교 박해의 과정에서 선교사가 입국할 때 백령도는 '약속 장소'로 중요한 곳이었으며, 기독교의 전파뿐만 아니라 동양과 서양의 사상과 문화가 한반도에서 가장 먼저 교섭하는 공간이었다. 1795년 중국인 선교사 주문모 신부 입국부터 1880년 김대건 신부까지, 백령도 인근 해역에 형성된 어군을 쫓아 온 당시 중국 어선들 사이에 섞여 섬에 잠입한 선교사들은 백령도 마을에서 자신들을 안내하러 온 교우들을 만났다. 전해지는 이야기에 따르면, 선교사들이 주로 입국하던 장소는 백령도 서쪽 중화동과 연화리 앞바다로 추정되고 있다. 백령도를 통해 선교사 입국로를 개척한 김대건 신부를 비롯한 7명의 가톨릭 성인과, 목숨을 바쳐 세상의 평화를 위해 기도한 총 19명의 선교사를 기억하기 위해 마련된 순례길은 백령도 여행의 또 다른 코스를 제공하고 있다. 순례길 탐방과 관련된 정보는 백령도성당(032-836-1221)에 문의하면 된다.

1박 2일 코스인 '순교 신심 순례길'은 다음과 같이 구성되어 있다.

1일 차 : 성당 – 관창동 – 신화동 – 가을리 – 두무진

성당 ↔ 관창동 : 브뤼기에르 주교길(조선 초대 대목구장)

관창동 ↔ 신화동 : 엥베르 주교길(조선 2대 대목구장)

신화동 ↔ 가을리 : 페레올 주교길(조선 3대 대목구장)

가을리 ↔ 두무진 : 베르뇌 주교길(조선 4대 대목구장)

2일 차 : 연화리 – 소가을리 – 장촌 – 화동 – 사곶 – 용기포

두무진 ↔ 연화리 : 오매트르 사제길

연화리 ↔ 소가을리 : 위엥 사제길

소가을리 ↔ 장촌 : 볼리위 사제길

장촌 ↔ 화동 : 도리 사제길

화동 ↔ 사곶 : 브르트니에르 사제길

사곶 ↔ 용기포 : 김대건 안드레아 사제길

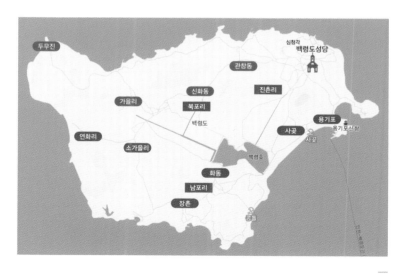

백령도 순교 신심 순례길(© 백령성당)

09

대청도-소청도 해안 탐방
서해를 함께 비추는 두 개의 푸른 섬

대청도 삼각산 – 모래울해수욕장 – 대청도 동백나무 자
생북한지 – 지두리해변 – 모래사막 – 소청도 스트로마
톨라이트 및 분바위 – 소청도등대

대청도 삼각산, 푸른 섬의 등대 같은 봉우리
모래울해수욕장, 세월도 함께 흘러가는 해변
동백나무 자생북한지, 삭풍을 잠재우다
지두리해변, 문의 경첩을 닮은 고즈넉한 해안
모래사막, 바다가 만든 사막
소청도 스트로마톨라이트와 및 분바위, 지구 생명의
기원
소청도 등대, 서해 5도를 환히 비추는 불빛

대청도 삼각산,
푸른 섬의 등대 같은 봉우리

대청도大靑島는 백령도·대연평도·소연평도·소청도와 함께 바다에서 남북의 접경지역을 이루는 인천광역시 옹진군 '서해 5도'의 하나다. 인천항에서 서북쪽으로 211km, 백령도 남쪽으로 12km 떨어져 있어 대청도는 소청도小靑島와 더불어 백령도행 여객선이 먼저 들르는 곳이다. 대청도는 북쪽으로 약 40km 거리에 옹진반도가 있어 남북 대결 시대에는 전략적 가치를 지녔던 섬이다. 하지만 다가올 한반도 평화 시대에 이 푸르른 섬은 더는 유배지나 외딴 변방의 섬이 아니라, 남북의 생명을 연결하는 중요한 연결고리가 될 것이다.

대청도의 면적은 15.54km²로 백령도의 4분의 1 정도에 불과하다. 해안선 둘레가 24.7km인 이 섬은 해안의 지리적 구분에 따라 생활권도 구분된다. 선진포 선착장이 있는 답동해안과 삼각산과 연결된 독바위해안, 소나무숲을 두른 모래울해안이 있다. 그리고 대청도 말로 '경첩'을 뜻하는 지두리해안, 주택가와 인접한 농여해안, 모래사막과 연결된 옥죽동해안이 있다. 좋은 어장이 형성된 대청도 근해에서는 홍어·우럭·놀래기·전복·해삼 등이 잡힌다. 그런데 어떻게 대청도와 소청도라는 이름이 굳어진 것일까?

서긍徐兢이 쓴『고려도경高麗圖經』에는 "대청서大靑嶼는 멀리서 바라보면 울창한 것이 마치 눈썹을 그리는 검푸른 먹墨과 같다"라는 기록이 있다. 이 기록을 통해 오래전부터 대청도가 '푸른 섬'으로 불렸다는 것을 알 수 있다. 다른 문헌 기록에 등장하는 포을도包乙島는 대청도大靑島의 다른 이름이다. 이 포을도는 '푸른 섬'을 발음하는 당시의 말소리와 가장 유사한 한자를 음차하여 쓴 것으로 추측된다. 그 후 원래 뜻에 맞게 한자를 쓴 것이 지금의 청도靑島라는 이름이다. 서해를 건너 중국을 오가던 고려 뱃사람들은 한 쌍의 섬으로 보이는 대청도와 소청도의 진한

대청도 삼각산(ⓒ 옹진군청)

녹색 빛을 아울러 푸른 섬이라고 전했을 것이다. 중국에서 들어올 때 보이는 작고 푸른 섬 두 개는 이제 고려 땅이 얼마 남지 않았음을 보여주는 이정표였으리라. 한편 대청도는 암도岩島로 불리기도 했는데, 이는 섬의 해안이 대부분 절벽이어서 붙여진 지명으로 보인다.

대청도 선진포 선착장에 내려 가장 먼저 찾아가 볼 곳은 '삼각산三角山'이다. 하늘에서 보면 세모 형태여서 삼각산으로 불리는 이 산은 해발 343m로 서해 5도에서도 가장 높은 봉우리다. 산 정상에서는 대청도의 주변 풍경을 한눈에 볼 수 있다. 또한 삼각산은 대청도의 지형을 결정짓는다. 대표적으로 섬 남서쪽에서 솟아오른 산지가 전체적으로 U자 형태를 이루며 해안까지 뻗었다. 그래서 U자 안쪽에 속하는 북동쪽이 평탄하여 주거지역이 많다.

삼각산의 주요 봉우리는 세 개인데, 해발 307m로 가장 낮은 제1봉은 통신용 탑이 설치된 군사시설로 일반인이 출입할 수 없다. 일반적인 등산 코스는 '매바위 전망대 − 해발 320m의 삼각산 2봉 − 해발 343m의 삼각산 주봉 − 처마바위 − 광난두정자각'으로 이어지는 3km 구간이다. 여기에 '서풍받이'와 '광난두해변'까지 연장한다면 등산로는 7km로 늘어난다.

금방이라도 날아오를 것 같은 매의 동상이 인상적인 매바위전망대에서 내려다보는 해안 풍경은 바다로 달려들 듯한 매의 형상을 닮았다. 바다로 돌출된 산자락이 매의 머리라면 양옆으로 펼쳐진 산 능선은 활짝 펼친 매의 날개처럼 보인다.

사람들이 대청도에서 비상飛上하는 매의 형상을 찾게 된 데에는 오랜 역사적 배경이 있다. 대청도는 고려 시대부터 왕족이나 귀족층이 즐겨 하던 매사냥에 쓰이는 '해동청海東靑'의 채집지였다. 매(falcon)는 공중에서 지상으로 하강하는 속도를 기준으로 세상에서 가장 빠른 새로 알려졌다. 이런 매는 대청도에 보금자리를 틀고 넓은 바다 위를 활강했다. 대청도의 해동청, 보라매는 깃털이 흰색인 송골매松鶻의 일종인데, 송골매는 몽골어 '송호르(shonkhor, шонхор)'에서 온 이름이라고 한다. 우리나라에서 천연기념물 제323−7호로 지정된 매는 아쉽게도 오늘날 대청도에서 볼 수가 없다.

계속 삼각산 둘레길을 걷다 보면 해넘이전망대를 만난다. 이 전망대에서 내려다보면 좌측 바다로 돌출된 삼각형 모양의 절벽이 보인다. '독바위'로 불리는 이 해안절벽은 홀로 우뚝 서 있는 바위라는 뜻에서 지어진 이름이다. 하지만 바위 곁에는 늘 갈매기나 갯바위 낚시꾼들이 서성이니 그렇게 외로워 보이진 않는다. 독바위가 가장 아름다운 시간은 해가 질 때다. 독바위의 표면에 누렇고 붉은 햇살이 들면, 사선으로 새겨진 수억 년 동안 퇴적된 지층들이 빗살무늬토기에 그어진 독특한 결들처럼 보인다. 전망대의 12시 방향에서는 대청도의 푸름을 닮았지만, 훨씬 작은 소청도小靑島가 아스라이 보인다. 전망대 우측으로는 서해의 파도를 오롯이 감당하는 해안절벽 '서풍받이', '광난두해변', '마당바위', '기름아가리'가 서 있다.

모래울해수욕장,
세월도 함께 흘러가는 해변

삼각산에서 내려와 대청도의 서쪽 끝에 있는 '모래울해변'으로 간다. 아직 곳곳에 사탄동沙灘洞이라는 기존 이름의 흔적이 남아있다. 우리나라 지명이 대부분 그렇듯이 일제강점기에 강제로 바뀐 것일까? 모래울이라는 원래 이름을 한자로 억지로 바꾸다 보니 좋지 않은 어감의 이름으로 불렸다. 원래 이름을 회복해서 참 다행이라는 생각이 든다. 모래 여울은 바닷바람에 흩날리는 해변의 모래가 마치 빠른 물살이 여울을 이루듯이 흘러간다고 해서 붙여진 이름이다. 모래 여울이라는 이름은 입에 오르내리며 '여'자가 자연스럽게 빠져 모래울이 되었다. 모래울에서 백사장 모래는 힘차면서도 부드러운 곡선을 그리며 흘러간다.

길이 1km, 폭 100m의 백사장 뒤의 야트막한 모래언덕에는 듬성듬성하지만 멋들어지게 굽어진 오래된 소나무들이 서 있다. 그 소나무 숲의 양쪽 끝에는 해변을 감싸 안은 듯 해변까지 내려온 산줄기가 바다로 빠져든다. 늘 검푸름을 뽐내는 바다, 사시사철 푸르른 소나무가 춤추는 모래 해변을 사이에 두고 조화롭게 어우러지는 이곳은 '청도'라는 섬 이름에 걸맞은 곳이다.

모래울 해수욕장(ⓒ 옹진군청)

그런데 이 해송 군락에 붙은 '기린송'이라는 별칭이 이색적이다. 대청도에 유배를 왔던 원나라의 순제가 이곳을 산책하며 굽어 자란 소나무를 보고, 고대 중국 설화에 등장하는 기린송을 떠올렸다고 한다. 이 기린송은 아들을 낳게 하는 나무라고 하는데, 이로부터 기린송이라는 별칭이 유래하였다. 흔히 명나라식 호칭인 '순제'로 불리는 이 황제의 묘호는 원나라의 제16대 황제(칸)인 혜종(1320~1370)이다.

1330년 11세의 황태자였던 그는 잠시 황실 내부 권력투쟁의 희생양이 되어 음력 7월 8일부터 이듬해 12월 13일까지 고려의 외딴 섬이었던 대청도에 유배되었다. 그런데 말이 유배 생활이지, 그는 약 1년 5개월 동안 600여 명의 시종과 더불어 큰 거처에서 지냈으며, 원으로 복귀한 후 황제에 등극했다. 고려의 공녀로 원나라에 들어가 마침내 황후의 자리에 올랐던 기황후(1315~1369)의 남편이기도 하다. 혜종은 중국 본토를 지배했던 원제국의 마지막 황제이자, 명나라에 쫓겨 몽골고원으로 돌아가 건국한 북원의 시조가 된다.

뜻밖에도 이 작은 섬에 오랜 몽골 간섭기를 버텨낸 고려 역사의 흔적이 남아 있었다. 절해고도 대청도는 원나라의 귀양지로 자주 활용되었다. 왜냐하면 수도였던 대도代都, 즉 지금의 베이징에서 수천 킬로미터 떨어진 외딴 섬인데다 원의 영향력 아래에 있던 고려 땅으로 망명하는 것도 불가능했기 때문이다. 현재 대청 초등학교 일대인 내동에는 유배 온 원의 황족들이 머물렀던 집터의 흔적들이 남아 있으며, 깨진 기왓장도 곳곳에서 출토된다. 빠르게 흘러가는 물살처럼 시시각각 모양을 바꾸며 흘러가는 모래울해수욕장을 걸으며 700여 년 전 바다를 건너온 이방인들로 인해 고난을 겪었을 원주민들의 삶을 떠올려본다. 세월과 역사는 쉼 없이 흘러가지만, 파도가 조각내고 바람이 옮겨가는 해변의 모래알들은 언제나 한결같다.

동백나무 자생북한지,
삭풍을 잠재우다

발걸음을 다시 옮겨 대청도의 천연기념물을 만나러 간다. 바로 우리나라에서 최북단에서 자생하는 동백나무를 볼 수 있는 '대청도 동백나무 자생북한지'다. 따뜻한 곳에서 자라는 난대성 식물인 동백나무가 자연적으로 자랄 수 있는 북쪽 한계지점인 셈이다. 대청도의 동백나무 군락은 이러한 학술 가치를 인정받아 일찍이 1962년 천연기념물 제66호로 지정되어 보존되고 있다.

사시사철 윤기 나고 두꺼운 잎으로 사람들을 맞이하며 선명한 빛깔의 풍성한 꽃을 보여주는 남도 해안의 보배, 동백나무를 차가운 바닷바람이 부는 대청도에

대청도 동백나무 자생북한지(ⓒ 옹진군청)

서 볼 줄이야. 뜻밖의 만남에 어리둥절하며 나무를 둘러보는데 안타까운 이야기가 들려온다. 규율이 허술해 전국의 동백나무 자생지가 무분별하게 파괴되던 과거에 이곳의 고목들도 대부분 파괴되었다는 것이다. 천연기념물로 지정되기 전의 기록에는 지름 20cm의 큰 동백나무가 147그루나 자생했다고 전해진다. 가장 큰 나무는 높이 3m 지름 27cm에 이르렀다는데 지금은 그 정도로 굵은 나무들은 사라졌다.

동백은 이른 봄은 물론 가을과 겨울에 이르기까지 계절에 따라 색다른 꽃봉오리를 틔우는 생명력 강한 식물이다. 삭풍이 대지를 얼어붙게 만드는 한겨울에도 피어나는 겨울꽃, 동백이 자랄 수 있는 곳은 이곳 대청도까지지만, 그 따스한 남도의 온기와 은은한 향기는 북으로 북으로 퍼져나가리라. 대청도의 동백나무 자생지는 그렇게 남쪽의 따스한 기운으로 차가운 분단의 경계를 녹이고 있다. 그런 생각을 하며 '광야에서'의 한 구절을 나직이 흥얼거린다. "해 뜨는 동해에서 해지는 서해까지, 뜨거운 남도에서 광활한 만주 벌판 …"

지두리해변,
문의 경첩을 닮은 고즈넉한 해안

동백나무를 뒤로 하고 섬의 서북쪽 해변으로 내려가니 모래울해변과 비슷하면서 더 아늑한 느낌의 '지두리해변'이 보인다. 대청도 사투리로 '경첩'을 뜻한다는 '지두'라는 말이 붙은 이 해변의 양쪽에는 바다까지 스멀스멀 내려온 삼각산 산줄기가 거센 바람을 막아주고 있다. 전체적으로 그 모습이 해변에 문짝을 달아 여닫는 경첩처럼 보인다고 해서 붙은 이름일까. 길이 1km, 폭 300m의 백사장은 완만한 수심의 바다로 이어지는 조용한 해수욕장이다.

지두리해변(ⓒ 옹진군청)

산과 바다가 부드럽게 마주하며 하나가 되는 지두리해변이지만, 해안절벽에 새겨진 지층의 무늬는 선이 굵고 매우 역동적이다. 다양한 암석 성분으로 구성된 지층들이 상상하기도 어려운 까마득한 과거에 거대한 압력을 받아 구불구불한 습곡구조를 이루고, 심지어 파이 조각처럼 접혀 있는 모습을 관찰할 수 있다.

특히 이곳은 대청도의 기반이 된 지층이 강한 압력을 받아 뒤틀리며 형성되었다는 점을 확인할 수 있다. 대청도의 지질과 지형을 종합적으로 이해할 수 있는 중요한 지질학적 유산이다. 그 오랜 땅의 역사를 아는지 모르는지 해변 뒤의 정원에는 해당화海棠花가 소담스레 피어 있다. 그야말로 고즈넉하게 걸으며 이것저것 둘러보기 좋은 해변이다. 그리 크지 않은 섬인 대청도의 변화무쌍한 해안 풍경이 어디까지 이어질지 기대하며 다시 발걸음을 옮긴다.

모래사막,
바다가 만든 사막

대청도의 해안을 한 바퀴 돌면서 꼭 들러야 할 마지막 명소는 이국적인 경치가 펼쳐지는 '모래사막'이다. 섬의 북동쪽 해변인 옥죽동에는 규모가 큰 사구, 즉 해안에서 불어온 모래로 쌓인 언덕이나 둑이 발달해 있다. 사막화된 이곳의 모래 지형 사이로는 모래로 이루어진 벌판인 모래톱과 작은 습지가 펼쳐져 있어 또 하나의 독특한 해안 생태계를 만날 수 있다. 작은 사막이라고 부를 정도의 독특한 모래사막 풍경은 끊임없이 공급되는 모래가 바람에 실려 산기슭까지 쌓이면서 만들어졌다. 현재는 주변 일대가 쌀 생산을 위해 논으로 개간되었으나 과거에는 더 깊은 내륙까지 모래언덕이 펼쳐져 있었다고 한다.

이곳에 쌓인 모래의 연대를 분석한 연구 보고서에 따르면, 깊이 65cm 지점은 34 ± 7년, 깊이 220cm 지점은 37 ± 8년으로 추정되었다. 반세기도 안 되는 시간 동안 해변의 모래가 오직 바람의 힘만으로 사람 키를 훌쩍 넘는 높이로 퇴적된

모래사막(ⓒ 옹진군청)

것이다. 가로 2km, 세로 1km의 크기인 대청도의 모래사막은 우리나라에서 유일하게 바닷바람이 밀어 올려 자연적으로 만들어진 모래 산이다. 여기에서는 마치 예술품을 조각하듯이 바람결에 따라 모래 표면의 모양이 쉴 새 없이 변한다. 또한 계절 변화에 따라 모래 산은 색다른 주변 풍경을 자아낸다.

소청도 스트로마톨라이트와 분바위,
지구 생명의 기원

사실 인천 연안부두에서 출발하여 백령도로 가는 여객선은 3시간 15분 정도 항해를 하고 소청도에 먼저 들렀다가, 대청도에서 사람과 물건을 내린다. 형을 잘 따르는 동생 섬으로 불리는 또 하나의 푸른 섬, 소청도는 행정구역상으로 대청면 소청리에 속한다. 소암도小岩島로 불리던 작은 섬의 면적은 2.91km²이며, 현재 인구는 260여 명에 불과하다. 답동 선착장에 내리면 아담한 섬의 풍경이 한눈에 들어온다.

그런데 소청도에는 우리나라에서 유일하게 이곳에서만 볼 수 있는 독특한 해안절벽이 숨어 있다. 바로 섬의 남쪽에 있는 '분바위', 천연기념물 제508호로 지정된 스트로마톨라이트(stromatolite) 해안이다. 스트로마톨라이트는 바다나 호수에서 광합성을 통해 산소를 만드는 세균인 남조류藍藻類와 남조박테리아 사체가 쌓여 만들어진 생물 퇴적구조堆積構造(organo-sedimentary structure) 석회암 또는 대리암 화석이다. 소청도에서 발견된 이 박테리아 화석은 국내에서 가장 오래된 화석으로 평가받는다. 원생대原生代, 즉 선캄브리아대(Precambrian era) 후기의 스트로마톨라이트 암석은 우리나라에서 오직 소청도에서만 관찰할 수 있다. 대략적인 화석의 생성 시기는 약 6억 년 전에서 10억 년 전으로 분석되었다.

소청도 스트로마톨라이트와 분바위(© 옹진군청)

　장엄하게 늘어선 회백색의 해안절벽이 마치 화장분을 뽀얗게 바른 사람의 얼굴 같아 보여 주민들은 오래전부터 이곳을 분바위로 불렀다. 2009년 천연기념물 제508호로 지정된 29,686m² 넓이의 이곳 명칭은 '소청도 스트로마톨라이트 및 분바위'다. 여기서 특징적인 것은 천연기념물로 지정될 때 생소한 지질학 용어인 스트로마톨라이트로만 불리지 않고, 주민들이 이 귀한 석회암 바위를 오랫동안 아끼며 불러왔던 이름인 '분바위'도 함께 등재되었다는 점이다.

　이 바위가 수십억 년 전의 미생물 화석이 담긴 바위여서 학술 가치를 지녔다는 게 알려지기 훨씬 이전부터 이 바위는 섬 주민들의 쉼터이자 자랑이었다. 또한 '해월띠'라고도 불렸던 분바위는 그믐밤 캄캄한 바다를 나갔다가 섬으로 돌아오는 배들의 방향을 잡아주는 역할을 한다. 분바위는 멀리서 보면 이국적인 해변 풍경이고, 가까이서 보면 신비한 지구 생명의 기원을 전해주는 바위다. 천연기념물의 명칭에서 접경지역이 품고 있는 보편적 가치와, 오직 그 지역에서만 느낄 수 있는 독특한 생활문화사적 가치를 모두 존중하는 가능성을 본 것 같았다. 일제강점기 이후 건축자재 채굴을 위해 무분별하게 파괴되었던 분바위가 다시는 훼손되지 않길 바라며, 소청도의 해안을 천천히 걷는다.

소청도 등대,
서해 5도를 환히 비추는 불빛

인천에서 약 210km 떨어진 소청도 서쪽 해안. 해발 83m의 언덕에는 100년이 훌쩍 넘은 등대가 있다. 서해를 환히 밝혀주는 이 등대는 망망대해 사이에 놓인 바닷길을 열어준다. '소청도 등대'는 1908년 1월 인천의 팔미도등대에 이어 우리나라에서 두 번째로 설치된 등대다.

답동 선착장에서 걸어가면 약 1시간 거리에 있는 소청도 등대는 촛불 15만 개를 켠 것과 같은 불빛으로 중국과 인천을 오가는 배의 이정표와 어선의 길잡이가 된다. 1908년에 처음 세워진 높이 10m의 등대는 2006년 4월 7일까지 사용되었다. 새로 지어진 높이 18.9m의 등대는 더욱 높은 곳에서 환한 불빛을 컴컴한 바다에 비추고 있다.

오늘날 대청도와 소청도 원주민의 대부분은 바다 너머 북쪽의 옹진반도에서 건너왔던 피난민들이었다. 그들은 좁고 척박한 땅이지만 수산물이 풍부한 이곳에 삶의 뿌리를 내리고 살며 언젠가 다시 돌아갈 고향에 대한 꿈을 놓지 않았다. 대청도와 소청도의 해변들은 각각의 특색이 살아있어 진정 아름다운 푸른 섬이 될 수 있었다.

돌이켜보면 해안절벽과 울창한 숲으로 인해 예부터 푸른 섬으로 불렸던 대청도와 소청도의 존재 자체가 서해를 비춰주는 두 개의 불빛이었다. 탁한 물살이 빠르게 흐르는 서해를 오가는 뱃사람들에게 더 위안이 되었던 것은 그 섬이 하나가

소청도등대의 야경(ⓒ 옹진군청)

아니라 둘이었기 때문인지도 모른다. 크기와 모양은 달라도 나란히 함께 바닷바람을 맞으며 서로를 보듬어주는 이 두 섬을 굽어보며, 서로의 차이에서 공통적인것들을 만들어 가는 남북의 평화로운 미래를 상상해보는 것은 그리 어렵지 않은일이다.

대청도·소청도의 지질 유산
: 지두리 습곡구조와 분바위

일반적으로 낚시 여행이 유명한 대청도와 소청도이지만, 백령도 못지않은 독특한 지질 유산을 관찰할 수 있다. 대청도 사투리로 '경첩'을 의미하는 '지두'는 해변으로 내려온 산줄기 모양을 보고 붙인 이름이다. 길이 1km, 폭 300m의 모래사장 양 끝으로 내려온 산줄기는 해안을 아늑하게 품어주고 바람을 막아준다. 해당화가 흐드러지게 피는 해변에서 보자면 그 모양이 문짝을 고정하는 경첩처럼 보인다.

지두리해변을 감싸는 절벽에는 다양한 암석 성분으로 구성된 변성암 지층이 큰 압력에 의해 구불구불한 습곡구조를 이루거나 접혀 있는 모습을 관찰하는 재미도 쏠쏠하다. 다양한 지질 시간대가 중첩된 이곳의 습곡에서는 특히 암석 입자들이 직선이나 파도 모양의 면을 따라 규칙적으로 배열된 엽리葉理(foliation)를 선명하게 볼 수 있다.

지표면에 드러난 변성암은 크게 엽리 조직과 비엽리 조직으로 구별된다. 엽리 조직을 가진 암석은 판이나 잎 모양의 광물이 거의 평행하게 배열되어 있으며, 그 면을 따라 잘 쪼개지는 성질을 갖고 있다. 엽리 조직은 분리되는 모양에 따라 다시 '편마상 조직', '면상 조직', '쪼개짐' 등으로 구분된다. 이에 반해 비엽리 조직을 가진 변성암은 그 자체가 하나의 광물 덩어리로 부서지거나, 판이나 잎 모양의 광물 배열이 불규칙해서 엽리 조직과 쉽게 구분된다. 이는 다시 '입상 변정질'과 '혼펠스' 조직 등으로 구분된다.

소청도의 '분바위'는 약 6~10억 년 전 물 위에 떠서 광합성을 하고 산소를 만들어내는 원핵생물인 남세균細菌 군집이 석회암 화석으로 남은 것이다. 스트로마톨라이트(stromatolite)로 불리는 이것은 옛 바다나 호수 등에 서식하던 남세균, 즉 '녹조綠藻' 현상을 일으키는 미생물이 퇴적되어 석회암으로 굳어진 것을 말한다. 해안가에 펼쳐진 회백색의 석회암을 가리켜 소청도 주민들은 '분바위'라고 불렀다.

2009년 천연기념물 제508호로 지정된 '소청도 스트로마톨라이트 및 분바위'는 멀리서 보면 파도의 침식으로 특유의 결정을 가진 채 지상에 노출된 석회암과 대리암이 이국적이고 몽환적인 풍경을 자아낸다. 그런데 이곳은 겉보기에만 아름다운 해안 풍경이 아니라 원시 미생물에서 시작한 지구 생명의 진화 역사를 그 자체로 증언하고 있다. 고생대 이전의 원생대, 즉 선캄브리아대(Precambrian era) 후기의 지구 환경과 생명 탄생을 분석하는 국내 유일의 장소로서 중요한 지질 유산이기 때문이다. 분바위에서 발견된 박테리아 화석은 국내에서 가장 오래된 화석으로 알려져 있다.

우리나라에서도 천연기념물로 지정된 스트로마톨라이트 화석은 이곳 소청도를 비롯해, 영월 문곡리 건열구조 및 스트로마톨라이트(천연기념물 제413호), 경산 대구가톨릭대학교 백악기 스트로마톨라이트(천연기념물 제512호) 등이 있다.

본문의 사진이나 이미지 자료 중 별도의 출처표기가 없는 사진은 건국대학교 통일인문학연구단 DMZ연구팀에서 촬영 또는 그린 것임을 밝힙니다.

더불어 공공누리 유형 표기가 없는 자료들은 옹진군청, 강화군청, CICA미술관의 허락을 받아 게재한 것으로, 협력에 깊은 감사 인사를 전합니다.

마지막으로 저작권 권리처리된 자료제공 플랫폼인 공유마당의 자료는 원저작자를 밝히고 각 자료 밑에 공유마당으로 출처를 밝혔으며 공공누리 유형표기 및 출처는 다음의 표와 같습니다.

장번호	쪽수	사진명	출처	공공누리 유형
1	15	강화갑곶나루 선착장	문화재청 국가문화유산포털	1유형
3	51	봉선사 아미타괘불도	문화재청 국가문화유산포털	1유형
3	63	문수사 풍담대사 부도 및 비	문화재청 국가문화유산포털	1유형
3	65	경주 방형대좌 석조여래좌상 전경	문화재청 보도자료(2018.2.8)	1유형
4	71	중봉조헌동상	김포시청	1유형
5	96	1967년 연평도 조기파시오 400척	옹진군청	3유형
5	97	연평도 조기파시(左)	옹진군청	3유형
5	97	연평도 조기파시(右)	옹진군청	3유형
5	105	임경업 장군 초상	국립중앙박물관	1유형
8	154	심청 동상이 애처로워 보이는 심청각의 야경	옹진군청	3유형
8	163	용기포항 전경	옹진군청	3유형
8	164	용기포항 옆에 있는 통일염원비	옹진군청	3유형
9	175	모래울 해수욕장	옹진군청	3유형
9	176	대청도 동백나무 자생북한지	옹진군청	3유형
9	178	지두리해변	옹진군청	3유형
9	179	모래사막	옹진군청	3유형
9	181	소청도 스트로마톨라이트와 분바위	옹진군청	3유형
9	183	소청도등대의 야경	옹진군청	3유형

| 건국대학교 통일인문학연구단 DMZ연구팀 소개 |

건국대학교 통일인문학연구단은 '소통, 치유, 통합의 통일인문학'과 '포스트 통일 시대의 통합적 코리아학'이라는 아젠다 연구를 수행하고 있는 인문학 분야의 유일한 통일 관련 연구소이다. 문학, 역사학, 철학 등의 인문학을 중심으로 정치학 및 북한학 등이 결합한 융복합적 통일 연구를 진행하면서 다양한 사회적 실천 사업도 진행 중이다. 또한 건국대학교 대학원 통일인문학과 및 문과대학 통일인문교육연계전공 등을 운영하면서 교육 및 후속 양성에도 힘쓰고 있다.

DMZ연구팀은 통일인문콘텐츠 개발의 일환으로 추진된 'DMZ디지털스토리텔링 연구'(2015~2016년), 'DMZ투어용 앱 개발'(2016~2019년) 등을 진행한 통일인문학연구단 산하 DMZ 분야의 전문 연구팀이다. 이 연구팀은 총 5년 동안 DMZ 접경지역을 직접 답사하면서 이 공간과 관련된 다양한 인문적 연구를 특화하여 수행했으며 다양한 원천콘텐츠를 축적했다. 이 책은 바로 이 연구팀 소속 연구진들의 지난 5년 동안의 경험을 토대로 한 답사기이다.

| 저자 소개(가나다 순) |

남경우
통일인문학/구술생애사 전공, 건국대학교 통일인문학연구단 전임연구원

박민철
한국현대철학 전공, 건국대학교 통일인문학연구단 및 대학원 통일인문학과 교수

박솔지
통일인문학/공간치유 전공, 건국대학교 통일인문학연구단 HK연구원

박영균
정치-사회철학 전공, 건국대학교 통일인문학연구단 및 대학원 통일인문학과 교수

윤태양
유가철학 전공, 성균관대학교 한국철학문화연구소 전임연구원

이의진
통일인문학 전공, 한국대학교육협의회 한국고등교육정보센터 연구원

조배준
서양철학 전공, 경희대학교 강사

DMZ 접경지역 기행 9 김포 옹진편

초판 1쇄 인쇄 2022년 04월 22일
초판 1쇄 발행 2022년 04월 29일

펴 낸 이	건국대학교 통일인문학연구단 DMZ연구팀
감　　수	최익현
발 행 인	한정희
발 행 처	경인문화사
편　　집	유지혜 김지선 한주연 이다빈 김윤진
마 케 팅	전병관 하재일 유인순
출판번호	제406-1973-000003호
주　　소	경기도 파주시 회동길 445-1 경인빌딩 B동 4층
전　　화	031-955-9300　　　팩　　스　031-955-9310
홈페이지	www.kyunginp.co.kr
이 메 일	kyungin@kyunginp.co.kr

ISBN 978-89-499-6643-4 03910
값 11,000원